UN CURSO DE MILAGROS (FÁCIL)

Alan Cohen

Un Curso de Milagros (fácil)

Claves para entenderlo de forma sencilla

URANO

Argentina – Chile – Colombia – España
Estados Unidos – México – Perú – Uruguay – Venezuela

Título original: *A Course in Miracles Made Easy — Mastering the Journey From Fear to Love*
Editor original: Hay House, Carlsbad, California
Traducción: Alicia Sánchez Millet

Todas las citas de Un Curso de Milagros © son de la edición publicada por la Foundation for Innner Peace (Fundación para la Paz Interior), P.O. Box 598, Mill Valley, CA 94942 – 0598 Estados Unidos.

www.acim.org e info@acim.org

Agradecemos a la Foundation for Inner Peace su gentil autorización para reproducirlas en la presente edición.

1.ª edición Septiembre 2016

Copyright © 2015 by Alan Cohen
All Rights Reserved
© 2016 de la traducción *by* Alicia Sánchez Millet
© 2016 *by* Ediciones Urano, S.A.U.
Aribau, 142, pral. – 08036 Barcelona
www.edicionesurano.com

ISBN: 978-84-7953-944-3
E-ISBN: 978-84-9944-986-9
Depósito legal: B-16.440-2016

Fotocomposición: Ediciones Urano, S.A.U.
Impreso por Rodesa, S.A. – Polígono Industrial San Miguel
Parcelas E7-E8 – 31132 Villatuerta (Navarra)

Impreso en España – *Printed in Spain*

A Cliff y Alden,
que lo vivieron.

Índice

Prefacio

«¿Sabes cuánto tarda una persona en romper *Un Curso de Milagros* y tirarlo al mar?», escribió un hombre a Saul Steinberg, de Coleman Graphics, que fue el primer impresor de *Un Curso de Milagros* (UCDM). Saul me estaba enseñando el almacén de Coleman, que estaba abarrotado de columnas de pequeñas cajas de cartón que llegaban hasta el techo; cada una de ellas contenía tres libros azules de tapa dura, que era el formato original de UCDM. «Seis meses después, el mismo hombre me volvió a escribir pidiéndome por favor que le enviará otra copia del *Curso*.»

Ambos nos reímos. No era nada nuevo. Quienes hacen el *Curso* experimentan confusión y resistencia. Cuántas veces habré oído: «Hace tiempo que tengo el libro, he leído algunas partes, pero no consigo entenderlo. Empecé a ejecutar las lecciones del *Libro de ejercicios*, pero lo dejé. Sé que el *Curso* es muy poderoso y que podría cambiar mi vida, pero me costaba mucho ponerlo en práctica. Espero retomarlo algún día». Un estudiante me dijo: «Cuando abrí el libro por primera vez después de comprarlo, se me cayó el tique de compra, ¡era de hacía diez años!» El autor y maestro Robert Holden bromeaba diciendo que «*Un Curso de Milagros* era el único libro que habían comprado millones de personas, pero que sólo lo habían leído unas pocas».

¿Por qué una enseñanza tan magnífica, con semejante capacidad para curar y transformar genuinamente nuestra vida, nos parece tan difícil? ¿Por qué una verdad tan simple parece tan abstrusa, críptica y desconcertante? *Un Curso de Milagros*, arguye el ego, *es demasiado*

difícil de entender. Demasiado largo y complicado. Demasiado cristia-
no. No lo bastante cristiano. Demasiado psicológico; parece una tera-
pia. ¿Por qué no dice «ella» ni una sola vez? No tengo tiempo. Tengo
mucho que hacer en mi trabajo. El tamaño de la letra es demasiado
pequeño. Las páginas son demasiado finas; me recuerda la Biblia. Ya
hice un seminario con Tony Robbins. El perro se ha comido el Libro de
ejercicios. *Tengo demasiado estrés para concentrarme. Lo leeré cuando*
mis hijos vayan a la universidad. Algunas de las afirmaciones del Curso *son claramente ofensivas. Esperaré a que hagan la película. ¿Cómo*
sé que la psicóloga que lo escribió no se lo inventó todo? Me gustaría que
fuera más fácil.

Lo irónico es que *Un Curso de Milagros ya* es fácil. Podría decirse
que es lo más sencillo del mundo, porque surge de una fuente que está
mucho más allá de los entresijos que prescribe el mundo. El amor, la
curación y el perdón genuino son sin duda mucho más sencillos que
la falta de seguridad en uno mismo, la preocupación, las peleas en las
relaciones, la lucha por el dinero y el trabajo para ver cómo puedes
reparar todo lo que se ha roto. Dejar ir es muchísimo más sencillo que
aferrarse obstinadamente, confiar te da más fuerza que la resistencia.
Un Curso de Milagros es la respuesta definitiva a la pregunta «¿Hasta
qué extremo podría ser fácil mi vida?»

El objetivo de tu viaje por la vida nunca fue luchar. Todo lo que
nos resulta difícil es la pesadilla del miedo superponiéndose a la presencia del amor. Un pasaje poético del capítulo 14, sección IV, del
Texto describe lo fácil que puede ser nuestra andanza por la vida si
permitimos que lo sea:

> Una vez que has aprendido a decidir con Dios, tomar decisiones se
> vuelve algo tan fácil y natural como respirar. No requiere ningún
> esfuerzo, y se te conducirá tan tiernamente como si te estuviesen
> llevando en brazos por un plácido sendero en un día de verano.

El propósito del libro que tienes en las manos es ayudarte a encontrar ese camino más sencillo. Vamos a bajar *Un Curso de Milagros* a la
tierra; a traducir sus elevados y trascendentales principios en instru-

mentos prácticos y de fácil comprensión; y a facilitarte que apliques su verdad para que tu vida sólo cambie a mejor. Mi intención es erradicar cualquier confusión que puedas tener sobre UCDM, disolver su aparente densidad, aclarar sus elevadas verdades y demostrarte lo extraordinariamente sencillo que es en realidad. Simplificando, *Un Curso de Milagros* es un mapa para salir del infierno. La Lección 97 del *Libro de ejercicios* nos dice que si la aplicas bien, puedes ahorrarte miles de años o más de tener que seguir luchando. Si este libro puede ahorrarte una parte, el tiempo que hayamos pasado juntos habrá sido bien empleado.

Podrás beneficiarte de este libro tanto si eres un estudiante de UCDM que deseas ampliar tus conocimientos sobre el *Curso*, como si nunca lo has estudiado, practicado o nunca lo harás. Aunque te animo a que explores el *Curso*, si no lo haces, aquí podrás captar su esencia. Si consigues hacerte al menos una idea de lo que UCDM puede ofrecerte, habrás sido bendecido.

La aventura que estamos a punto de emprender juntos podría ser la más importante de tu vida. Desvelemos qué es lo que te hace sufrir y libérate de los demenciales enredos que engendra el mundo. Disolvamos las ilusiones que te han impedido crecer y revelemos la verdad que te engrandece. Recordemos qué es lo que hace que la vida valga la pena vivirla y dejemos que todo lo demás regrese a la nada de la que procede.

Mi viaje con el *Curso*

Ya había anochecido en la fría tarde de invierno en la que me encontraba sentado en mi despacho, mirando fijamente la pequeña caja de cartón marrón, que había llegado ese día por correo. Intentaba imaginarme su contenido, pero no podía. Sólo sabía que lo que contenía era importante. Sin embargo, no podía hacerme a la idea de la magnitud que éste tendría en mi vida y en la de millones de personas.

Llevaba un año oyendo hablar de *Un Curso de Milagros*, viendo pósters en tablones de anuncios y escuchando de vez en cuando fragmentos de conversaciones. Era escéptico. En mi largo caminar por el sendero del crecimiento personal, había sido testigo de mucha palabrería y muchos engaños. El título *Un Curso de Milagros* me resultaba disuasorio. ¿Se trataba de otro señuelo de la Nueva Era desplegando asombrosos poderes mágicos ante buscadores incautos? ¿O de una secta que embaucaba a las almas desorientadas para engrosar las arcas de algún gurú de un país lejano? No quería tener nada que ver con los estratos inferiores de la magia. Y otro montaje metafísico no me seducía lo más mínimo.

Entonces un artículo de la revista *Psychology Today* llamó mi atención. En una ilustración cursilona se veían tres libros dorados descendiendo del cielo, dirigiéndose hacia un hombre que caminaba por la calle. A pesar de ese horroroso diseño, leí el artículo. He de confesar que me sentí intrigado. El *Curso* no era lo que yo había supuesto. Parecía más espiritual que material, más centrado en la conciencia que en la materia. Cuando terminé de leerlo, sentí ganas de comprar una copia de él, pero fue más una intuición que una decisión racional. Ahora me doy cuenta de que esa voz interior era lo que el *Curso* denomina el Espíritu Santo. Pero por aquel entonces no disponía de un nombre para describir ese tipo de guía. Lo único que sabía era que deseaba conocer qué había entre las tapas de esos libros.

Luego estaba el precio: 40 dólares más los gastos de envío. En 1980, 40 pavos era mucho para mí. Vivía de alquiler en el desván de la casa de un amigo, practicaba yoga, tocaba la guitarra y escuchaba cintas inspiradoras. Varios empleos a tiempo parcial me ayudaban a pagar el alquiler de 150 dólares mensuales. Estaba contento. ¿Realmente necesitaba tres libros que costaban 40 dólares? Ahora me río de mis dudas. Esos 40 pavos resultaron ser la mejor inversión de mi vida.

Abrí la caja marrón y saqué el primer volumen; en la portada de tapa dura y de color azul marino ponía *Texto*, impreso en letras en relieve y en pan de oro. Leí la introducción:

Nada real puede ser amenazado.
Nada irreal existe.
En esto radica la paz de Dios.

Al leer esto, sentí como si una fuerza saliera de la página y me engullera, como si se hubiera abierto una puerta hacia otra dimensión. No entendí el pasaje, pero la energía que desprendía el libro era casi insoportable, despertó en mi interior un entusiasmo del alma que nunca antes había sentido. Lo cerré intentando asimilar esas palabras. Parecía que aquello iba a ser apasionante…

Con todos los años que han pasado desde aquel entonces, lejos de disminuir mi entusiasmo, *Un Curso de Milagros* se ha convertido en una parte cada vez más querida, significativa y práctica de mi vida. Cada día su verdad cobra más vida para mí. No puedo alardear de haber sido el mejor estudiante del *Curso*. Mi resistencia ha interferido demasiado a menudo, he cedido al miedo más de lo que me gustaría reconocer y he tardado mi tiempo en poner en práctica las lecciones. Sin embargo, cuando lo hago experimento un consuelo profundo del alma y, literalmente, se producen milagros en mi mundo. La profundidad y el alcance del *Curso* no tienen fin. Todos los días tengo la sensación de que el pasaje o la lección del día han sido escritos sólo para mí. El *Curso* es real. Funciona. Es un regalo de Dios.

En la mayor parte de los treinta y cinco años que he estado practicando el *Curso*, no he enseñado o escrito directamente sobre él, más bien he optado por intercalar sus principios en el entramado de mis escritos y mis enseñanzas. Pero en los últimos años, he experimentado un mayor aprecio y entusiasmo por el sólido valor que me aporta el *Curso*. Muchos métodos de crecimiento espiritual y personal pierden fuerza y se resquebrajan con el tiempo. En mi caso, el *Curso* ha ido cobrando más vida y más fuerza. No importa qué otros caminos haya recorrido, ni por qué maestros me haya interesado, siempre he acabado regresando a *Un Curso de Milagros*. Para mí su filosofía e intención superan todos los otros métodos que he aprendido.

Ahora mi deseo de dominar el *Curso* se ha intensificado hasta tal punto que se ha convertido en una prioridad en mi vida y en mi trabajo. El *Curso* nos dice que aprendemos enseñando lo que queremos aprender. Aunque confío y espero que este libro te sea de gran utilidad, lo he escrito para seguir aprendiendo y profundizar en mi propia comprensión de *Un Curso de Milagros*.

En las páginas que iremos viendo a continuación, compartiré muchas anécdotas verídicas sobre las formas en que UCDM ha afectado profundamente mi vida y la de otras personas. Aunque algunos estudiantes lo han calificado de demasiado extraterrenal, mi experiencia personal es que llega justo a la esencia de lo que es la vida en la Tierra, a veces alcanza incluso los lugares más oscuros del sufrimiento de los mortales, y nos transforma justo donde nos encontramos ahora, aunque sea en medio de nuestra abismal fragilidad humana. Tanto si estás soportando un terrible sufrimiento como si todo te va bien en la vida y quieres que te vaya aún mejor, espero que este libro te inspire a pasar a tu siguiente nivel de curación y despertar.

Los hechos que narro de mi historia quizá sean únicos, pero no la esencia. Todos nos hemos perdido alguna vez y todos estamos buscando el camino de vuelta a casa. No es una casualidad que *Un Curso de Milagros* haya llegado a tu conciencia en este momento. Tanto si tienes intención de estudiar a fondo el *Curso*, como si sólo vas a echarle un vistazo a algún concepto útil o simplemente escuchas el título *Un Curso de Milagros* y empiezas a considerar la posibilidad de que los milagros existen y que tal vez tú consigas uno o más, hay una razón por la que el *Curso* y tú os habéis encontrado.

Ahora descubramos cuál es...

Cómo sacar el mayor provecho de este libro

Cuando cito *Un Curso de Milagros*, me estoy refiriendo a la edición conocida como «La única edición completa», publicada por la Foundation for Inner Peace. Esta edición incluye un sistema de numeración del texto que permite a los estudiantes localizar los pasajes. En este libro he utilizado, para abreviar, el siguiente sistema: «T» para *Texto*, «L» para *Libro de ejercicios*, «M» para *Manual para el maestro* y «C» para *Clarificación de términos*. Los números que siguen a cada cita se refieren a la sección, párrafo y frase de donde ésta se ha extraído.

Aquí tienes un ejemplo de cómo usar el sistema de referencias:

T-2.VI.9:4-7
Texto, capítulo 2, sección 6, párrafo 9, frases de la 4 a la 7
L-132.1:4
Libro de ejercicios, lección 132, párrafo 1, frase 4
M-5.II.2:5-13
Manual para el maestro, capítulo 5, sección 2, párrafo 2, frases de la 5 a la 13
(C-Ep.1:2)
Clarificación de términos (parte del *Manual para el maestro*), epílogo, párrafo 1, frase 2

Como habrás advertido, me refiero al *Curso* de varias formas: *Un Curso de Milagros*; por su acrónimo, UCDM, o simplemente como «el *Curso*».

Este libro se compone de dos partes. La parte principal aclara los principios del *Curso* y cómo utilizarlos para conseguir paz interior y sanación. La segunda parte está compuesta por una serie de respuestas a las preguntas más frecuentes sobre elementos y aplicaciones específicos del *Curso*. En vez de presentar secuencialmente las dos secciones, he intercalado los elementos de la segunda sección a lo largo del libro; por consiguiente, irás encontrando una pregunta y una respuesta cada dos o tres capítulos de la parte principal de la obra.

Los capítulos están ordenados de manera que primero se explican los elementos más básicos del *Curso,* y luego, se va progresando hacia conceptos más avanzados y sutilezas que los lectores que realmente deseen dominar las enseñanzas empezarán a explorar. Puedes leer este libro antes de estudiar el *Curso,* o bien al mismo tiempo, o aunque nunca lo estudies. Una de las enseñanzas más importantes de UCDM es que debes seguir lo que te dicta tu guía interior, de modo que si permites que tu estudio esté supervisado por tu intuición, estarás poniendo en práctica el *Curso* de la manera en que lo estás aprendiendo.

En cuanto al lenguaje en apariencia religioso o cristiano de UCDM, quiero dejar claro que el *Curso* es totalmente aconfesional. No es cristiano ni de ninguna otra religión. Su mensaje es universal, apto para aquellos que profesen cualquier religión o no profesen ninguna. Por desgracia, hay muchas personas que han tenido malas experiencias con la religión y cualquier cosa que se la recuerde actúa como elemento disuasorio. UCDM no pretende recordarte ese sufrimiento, sino que te liberes de él.

Asimismo, si la palabra *Dios* tiene una connotación negativa para ti, sustitúyela por cualquier otra con la que te sientas más cómodo. *Poder Superior, Fuente de Energía, Mente Universal, Fuerza Vital, Todo lo Que Es*, o cualquier otro término, también puede funcionar. La doctora Helen Schucman, que fue la escribiente del *Curso,* se consideraba atea. Así que si el Poder Superior decidió elegir y elevar a

Helen en aquel momento de su vida, no cabe duda de que puede hacer lo mismo con cada uno de nosotros dondequiera que nos encontremos en este momento. No te bloquees con la terminología. Por el contrario, te invito a que vayas a la esencia de las enseñanzas.

Muy bien, vamos allá…

¿Qué es *Un Curso de Milagros*?

Un Curso de Milagros es un sistema de estudio autodidacta de despertar espiritual que enseña el camino hacia la paz interior y la curación a través del poder del amor y del perdón. El *Curso* se compone de tres volúmenes: *Texto, Libro de ejercicios* y *Manual para el maestro,* que están incluidos en un solo libro. UCDM se puede comprar en papel y en formato electrónico en grandes librerías, por Internet y en los centros donde se imparten sus enseñanzas.

El *Texto* expone enseñanzas universales que nos conducen a encontrar el sentido, la curación y el bienestar en la vida. Los temas tratan sobre la importancia de elegir el amor en lugar del miedo, nuestra naturaleza eterna como expresión de lo divino, nuestra relación benevolente con Dios, nuestra inocencia inmutable, el poder de nuestra mente, distinguir entre la verdad y la ilusión, transformar relaciones «especiales» en relaciones «sagradas» y retirar la autoridad que hemos adjudicado a fuentes externas. El *Texto* explica por qué sufrimos y cómo curarnos.

El *Texto* está escrito en su mayor parte en pentámetro yámbico, el sistema de rima clásica que utilizaron Shakespeare y otros poetas para expresar conceptos elevados. En cierto modo, el *Curso* es más un libro de poesía visionaria que un tratado académico.

El *Libro de ejercicios* consta de 365 días de ejercicios que ayudan al estudiante a aplicar los principios para que su vida mejore de forma práctica y duradera. Las lecciones empiezan de una manera muy simple y sólo suponen unos pocos minutos de práctica al día, que van aumentando gradualmente hasta crear un cambio global en nuestro sistema de pensamiento y en nuestra vida. El *Curso* es riguroso en su intención de ayudarnos a liberarnos.

El *Manual para el maestro* aborda los detalles de cómo aplicarlo, respondiendo a preguntas más específicas, como: «¿Existe la reencarnación?»; «¿Cómo se produce la curación?» y «¿Cómo será el fin del mundo?» UCDM considera que todos los estudiantes son maestros de Dios, de ahí que el *Manual para el maestro* sea para todos.

Puedes estudiar las tres secciones de UCDM por el orden que desees. Puesto que el *Libro de ejercicios* es la clave para dominar el *Curso* en la vida cotidiana, te recomiendo que te centres en estas lecciones al principio de tu viaje y que te dediques a los otros volúmenes cuando te sientas inspirado. Estudiarlo todo simultáneamente te facilitará la comprensión.

El *Curso* tiene dos anexos breves: *Psicoterapia: Propósito, proceso y práctica* y *El canto de oración: La oración, el perdón, la sanación.*

Un Curso de Milagros es una de las enseñanzas espirituales más profundas que ha recibido la humanidad. Con su estilo delicado pero dinámico, ha cambiado la vida a millones de personas, liberado almas de la tiranía del miedo, transformado circunstancias que requerían un milagro para lograr la sanación y otorgado paz mental a los hastiados. Quizá te encuentres entre los que ya se han beneficiado de él, o acaso estés entre los que están a punto de hacerlo.

1

La única elección
que importa

Mientras mi amigo y ávido estudiante de UCDM Cliff Klein estaba mirando la televisión en la sala de estar de su apartamento de Brooklyn, oyó un ruido extraño en su dormitorio. Se levantó a echar un vistazo y descubrió a un ladrón que estaba entrando en su casa por la escalera de incendios. El intruso, al verlo, se dio la vuelta y se dispuso a huir. «¡Espera —le dijo Cliff—. No hace falta que huyas. Te ayudaré si puedo!»

El ladrón, alucinado, se detuvo y volvió a entrar lentamente en la habitación. Cliff le preguntó qué estaba pasando en su vida para llegar al extremo de tener que robar. El hombre le respondió que le habían despedido de su trabajo y que su novia le había dejado. Se sentía indefenso, estaba furioso y no sabía cómo pagar el alquiler. Entonces, él le invitó a sentarse y le preparó una taza de café. Luego le dedicó unas palabras de consuelo y le dio algo de dinero diciéndole: «Vuelve si necesitas hablar más». El hombre le dio las gracias y se marchó por la puerta principal.

Acabas de leer la chuleta resumen de la totalidad de *Un Curso de Milagros*. Cada momento de nuestra vida, dice el *Curso*, nos plantea elegir entre el miedo y el amor. Cuando Cliff pilló a ese ladrón entrando en su casa, podían haberse producido cien situaciones distintas, la mayoría malas. Pero como él eligió ver esa situación como una llamada al amor, en vez de como un ataque, creó un resultado totalmente distinto del que habría generado si hubiera reaccionado con miedo. Los milagros son el resultado natural de elegir el amor.

La vida resulta abrumadora cuando nos enfrentamos a un sinfín de elecciones desconcertantes: ¿Cómo encontraré a mi media naranja? ¿Debo seguir con mi matrimonio o divorciarme? ¿Cómo voy a pagar las facturas este mes? ¿Hay algún trabajo que me apasione *y* sea lucrativo? ¿Cómo he de tratar a mis parientes desagradables? ¿En qué lugar del planeta está mi hogar? ¿Cómo recobraré o mantendré mi salud? Y así sucesivamente. Sin embargo, detrás de estas *supuestas* opciones, la única elección *real* está entre el miedo y el amor. El miedo hace sufrir y el amor cura. Todo lo demás es secundario.

La mente asustada teje un entramado de complejidad que hace que parezca que las dificultades del mundo sean inevitables. UCDM nos dice que la vida no tiene por qué ser difícil y que el mundo que ha fabricado el miedo es totalmente evitable. Todas las opciones se reducen a elegir lo que cura frente a lo que hiere, a responder al miedo con amor y a encontrar la paz que estás buscando.

Hay solamente dos maestros, y cada uno de ellos señala caminos diferentes. Y tú seguirás el camino que te señale el maestro que hayas elegido. Sólo hay dos direcciones que puedes seguir, mientras perdure el tiempo y elegir tenga sentido. Pues jamás se podrá construir otro camino, salvo el que conduce al Cielo. Tú sólo eliges entre ir al Cielo o no ir a ninguna parte. No hay más alternativas que éstas.

T-26.V.1:7-12

¡Qué fácil es elegir entre dos cosas que obviamente son distintas!

T-26.III.7:4

2
Robo de identidad

Cuando vi el estado de cuentas de mi tarjeta de crédito, se me desorbitaron los ojos. Me estaban cargando dos créditos de 5.000 dólares que yo no había pedido. A eso se sumaban una retahíla de compras de ropa en Dallas. Alguien había robado la información de mi tarjeta de crédito y se había ido de compras a la ciudad. Afortunadamente, la entidad financiera de la tarjeta de crédito asumió las pérdidas, que según parece es algo bastante habitual. Todos los días los delincuentes roban las identidades de unas 36.000 personas, lo que se traduce en una cifra de unos veintiún mil millones de dólares anuales. A consecuencia de ello, los bancos y las empresas que operan por Internet tienen sofisticadas medidas de seguridad para proteger las identidades de sus clientes.

Existe una forma aún más insidiosa de robo de identidad que ha secuestrado algo más que las cuentas de nuestras tarjetas de crédito. Este robo es el responsable de que hayas olvidado quién eres y de que te consideres insignificante, limitado e indefenso: una negación de tu verdadero ser y una aserción de tu falso yo.

El gran robo de tu identidad empezó poco después de tu llegada a la Tierra. Los padres, maestros, hermanos y hermanas, representantes religiosos y figuras de autoridad te dijeron que eras inepto, insignificante, feo, estúpido, indigno y pecador, y que el mundo es una peligrosa jungla llena de amenazas. Con el tiempo, empezaste a creerte esas terribles mentiras, hasta que llegó un día en que olvidaste tu belleza, fortaleza, inocencia y seguridad innatas. Al final, adoptaste una identidad contraria a tu naturaleza divina y desde entonces has vivido como alguien que no eres.

El palacio y el mercado de pescado

Érase una vez una princesa que de pequeña fue secuestrada y entregada a los pescadores para que viviera con ellos. Creció entre montañas de pescado, olía como ellos y adoptó la mentalidad de una pescadera ambulante que ha de luchar por sobrevivir. Al cabo de unos años, uno de los sirvientes del rey la encontró, la rescató y la devolvió a palacio. Sus padres la acogieron con alegría y le mostraron su elegante habitación decorada con una lujosa cama con delicadas sábanas, flores de colores, incienso aromático, vistas impresionantes y sirvientes que estaban siempre a su disposición. Durante su primera noche en palacio, la princesa dio muchas vueltas en la cama. «Sacadme de aquí —gritaba—. Quiero volver a casa.»

Lo que le pasaba a la princesa es que no se daba cuenta de que *estaba* en casa. La elegancia, realeza y riquezas eran suyas por nacimiento. Pero como se había acostumbrado a vivir en medio de la pestilencia y la pobreza, pensaba que aquello era su verdadero lugar en la vida. *Normal* no equivale a *natural*. Nosotros, al igual que la princesa, nos hemos acostumbrado a vivir en destartalados recintos psíquicos que no nos merecemos.

Puedes encontrar tu camino de vuelta a palacio recordando tu verdadero origen. *Un Curso de Milagros* insiste en que reivindiquemos «Soy tal como Dios me creó». De todas las lecciones del *Libro de ejercicios* de UCDM, ésta (Lección 94) es la única que se repite, no sólo una vez (Lección 110), sino *dos* (Lección 162), así como en muchos repasos y en el *Texto*. El *Curso* hace hincapié en la verdad de que tu verdadera identidad es espiritual y únicamente espiritual. No eres tu nombre, edad, peso, dirección, religión, estado civil, trabajo, extracto bancario, diagnóstico médico o cualquier otro atributo con el que te identifican en el mundo. Aunque los convencionalismos sociales te encasillen por tus aspectos fragmentados, sigues siendo tan íntegro como fuiste creado. Todo *Un Curso de Milagros* está orientado a ayudarte para que te veas con los mismos ojos con los que te reconoce el Poder Superior. Cuando compartes esa visión, vives con la dignidad de tu identidad divina.

El viaje a Dios es simplemente el redespertar del conocimiento de dónde estás siempre y de lo que eres eternamente.

T-8.VI.9:6

She Loves Me, Yeah, Yeah, Yeah

Si repites una mentira con la suficiente frecuencia, empiezas a creértela. Cuando estaba en secundaria, fui a un concierto de los Beatles en Atlantic City. Al día siguiente, en el instituto, quise impresionar a Donna, una compañera de clase, diciéndole que al salir del concierto había conocido a Paul McCartney. ¡Lo mejor de todo es que Paul me había regalado la púa de su guitarra! Para demostrárselo, le enseñé la púa con sus iniciales «PM» grabadas. Se le dilataron las pupilas. Y para acabar de impresionarla, se la puse en la mano y le dije que quería que la tuviera ella. Donna se emocionó y me dio un beso en la mejilla que me alegró el resto del año. Se corrió la voz de que yo había conseguido la púa de la guitarra de Paul McCartney, y conseguí mi día de gloria en el instituto.

La historia era totalmente falsa, por supuesto. Aun así, después de ese día la repetí tantas veces durante el curso, cada vez con más detalles, que ahora, cuando pienso en ella, me parece tan real como muchas de las cosas que me han pasado. Puedo ver con nitidez a Paul saliendo por la puerta trasera de la sala de conciertos y dándome la púa al cruzarse conmigo. ¡Siento la emoción de algo que no ha sucedido nunca!

Los psicólogos nos dicen que el subconsciente no distingue entre la realidad y la imaginación. Las imágenes que grabamos en nuestra mente, en particular las que van acompañadas de una emoción, nos aportan la misma experiencia tanto si son ciertas como si son ficticias. Cuando los hipnotizadores tocan el antebrazo de una persona hipnotizada con la goma de un lapicero y le dicen que es un cigarrillo encendido, le sale una ampolla en el brazo. Cuando le tocan el brazo con un cigarrillo encendido, pero que identifican como la goma de un lapicero, no le sale nada. UCDM nos dice: «Los pensamientos que albergas son poderosos, y los efectos que las ilusiones producen son tan potentes como los efectos que produce la verdad» (L-132.1:4). También explica:

> [...] si esperas librarte del miedo hay algunas cosas que debes comprender, y comprender plenamente. La mente es muy poderosa y jamás pierde su fuerza creativa. Nunca duerme. Está creando continuamente. Es difícil reconocer la oleada de poder que resulta de la combinación de pensamiento y creencia, la cual puede literalmente mover montañas [...] No *hay* pensamientos fútiles. Todo pensamiento produce forma en algún nivel.
>
> T-2.VI.9:4-8, 13-14

> Difícilmente se puede calificar de fútil a lo que da origen a la percepción de todo un mundo.
>
> L-16.2:22

Tu subconsciente ha asumido una ingente cantidad de mentiras respecto a ti mismo, recalcando lo que está mal en ti y en el mundo. Has estado representando estas falsedades en tus relaciones, carrera profesional, economía, salud y otros aspectos importantes de tu vida. El mundo que ves se basa en una masa de ilusiones que *parece* real porque hay muchas personas que están de acuerdo con ellas y las convierten en el puntal de su vida. Sin embargo, la popularidad no puede hacer real aquello que es ficticio, y el hábito no puede hacer que el miedo sea más sustancial que el amor. La única cura para las ilusiones es la verdad. La única cura para una identidad errónea es recordar quién eres.

¿Quién interpretó a Dios?

En el clásico cinematográfico *Los diez mandamientos*, Moisés, interpretado por Charlton Heston, sube al monte Sinaí para encontrarse con Dios, que se le aparece en la forma de una zarza ardiente. Cuando Moisés le pregunta a Dios por qué no ha escuchado las oraciones del pueblo hebreo esclavizado, Dios le responde que sí ha escuchado sus súplicas y que le envía al faraón para que le diga que libere a la nación hebrea de su esclavitud.

—¿Quién soy, Señor, para que me envíes a realizar semejante tarea? —preguntó Moisés.

—Yo te diré lo que has de decir —respondió Dios. Entonces, Moisés le suplica a Dios que le revele su nombre.

—Yo soy el que soy —le responde Dios.

La identidad del actor que dio voz a Dios en la película se mantuvo en secreto durante muchos años. Al final, se reveló que la voz de aquella escena era la de Charlton Heston, que sonaba más grave gracias a los efectos especiales. La escena, extraída literalmente de la Biblia, ofrece una magnífica alegoría espiritual: la voz de Dios es tu propia voz. Cuando Dios te habla (cosa que sucede en cada instante, tanto si eres consciente de ello como si no) estás recibiendo orientación de tu propio Ser. Los efectos especiales del mundo ilusorio han distorsionado tu voz para que pienses que es la de otra persona y el estudio ha guardado el secreto. Pero al final, la verdad impera sobre los secretos. Cuando hablas con Dios estás manteniendo una conversación contigo mismo. El «Yo soy» que eres es el «Yo soy» que es Dios.

Cuando desafías a Dios preguntándole cómo cambiará el mundo, su respuesta es: *a través de ti*. Esto no significa que literalmente tengas que coger un báculo, enfrentarte al faraón y liberar a una nación oprimida. (Aunque, metafóricamente, eso es justo lo que debes hacer.) En realidad, significa que tu mundo será liberado cuando introduzcas en él la presencia de Dios, por el mero hecho de ser tú mismo. Lo que te salva a ti y al mundo es tu propio y verdadero Ser.

La invasión de los rateros de almas

Cuando mi amiga Sara fue al hospital a ver al hijo recién nacido de su amiga, se encontró con que la maternidad estaba cerrada con llave y bajo fuertes medidas de seguridad. Hacía unos meses, alguien había entrado en la sala de neonatos y había raptado a un bebé. Desde que tuvo lugar el suceso, el hospital se aseguró de que no se volviera a repetir nada semejante. Este hecho es una metáfora de lo que nos ha sucedido a todos. El miedo y la ilusión nos secuestraron y alejaron de nuestra verdadera familia. Nos llevaron a «un país lejano», como dice la Biblia, donde la verdad fue tergiversada de tal modo que hasta parece que el infierno sea el destino de la humanidad, del que sólo unas pocas almas santas pueden escapar.

Sin embargo, como el hijo pródigo, en algún momento de nuestra vida nos hartamos de revolcarnos en el fango con los cerdos. Sentimos que nuestro tipo de vida no es la que Dios pretendía para nosotros y empezamos a buscar el camino de vuelta a casa. Cuando nuestra vida pierde sentido y se convierte en una carga, buscamos respuestas superiores. Entonces, alguien nos habla de *Un Curso de Milagros* o de alguna otra enseñanza valiosa que nos sirve de GPS espiritual para indicarnos el camino a casa. Hemos vivido hasta que hemos podido en el mundo de la ilusión y estamos ávidos de verdad. Y cuando pedimos, se nos da.

No te contentes con la pequeñez. […] Sin embargo, de lo que no te das cuenta cada vez que eliges, es de que tu elección es tu evaluación de ti mismo. Opta por la pequeñez y no tendrás paz, pues habrás juzgado que eres indigno de ella. […] Es esencial que aceptes el hecho —y que lo aceptes gustosamente— de que ninguna clase de pequeñez podrá jamás satisfacerte. […] Pues sólo en la grandeza […] podrás sentirte satisfecho.

Extracto de T-15.III.1-2

3
Sé realista

Me encontraba en un plató de una cadena de televisión de una gran ciudad sentado entre bastidores, a la espera de que me hicieran una entrevista. Mi espacio estaba previsto justo después de las noticias del mediodía, que empezaron con un sangriento relato de un asesinato, luego una violación, seguida de unas imágenes bélicas, tras las cuales vinieron malas noticias económicas y un escándalo político. Empecé a deprimirme, pero intenté consolarme con la idea de que luego vendrían noticias más positivas. No fue así. Los quince minutos que duró la retransmisión estuvieron plagados de desastres, ninguna persona en su sano juicio desearía levantarse por la mañana y tener que afrontar nada de aquello. Al final, me entraron ganas de echarme a reír. Decir que las noticias fueron deprimentes era *quedarse muy corto*. Fueron *desproporcionadas,* casi *inverosímiles*. Cuando ya se estaban despidiendo con accidentes y atascos de tráfico, el presentador anunció: «…y ahora un nuevo libro inspirador de un autor que les va a decir qué es lo que deben hacer para que su vida tenga sentido».

Y la cámara me enfocó a mí.

De pronto, me convertí en Neo de la película *Matrix*, cuando el misterioso Morfeo extiende sus dos manos abiertas, con una pastilla de color rojo en una y azul en la otra. Si Neo ingiere la roja, despertará a su verdadero ser y al mundo real. Si se toma la azul, permanecerá en un mundo de ilusiones familiar pero opresivo.

Enderecé la espalda y elegí la pastilla roja. Le dije al público que hemos nacido para gozar del bienestar y que el miedo es el impostor. Adopté la postura de vivir con autenticidad en un mundo que es presa de la ilusión. Di una visión distinta de las noticias que me habían precedido. Les dije a los telespectadores que se merecían más de lo que el mundo les había enseñado y que tenían poder sobre sus vidas, a pesar del caos que les rodeaba. Era la única noticia que sabía transmitir.

Después del programa, el presentador, un periodista muy respetado y con muchos años de experiencia, me llevó a un lado y me dijo: «Estoy totalmente de acuerdo contigo. Me deprime venir a trabajar. En la vida y en el mundo tiene que haber algo más que lo que le estamos explicando a la gente».

> Si pudieses aceptar al mundo como algo que carece de significado
> y dejar que en lugar de lo que tú crees la verdad se escribiese en él
> por ti, ello te llenaría de una felicidad indescriptible.
>
> L-12.5:3

Calienta tus sueños

Todos hemos tenido personas que nos han arrojado agua fría en nuestros cálidos sueños. Le hemos hablado a un amigo o familiar sobre la persona con la que deseábamos casarnos, el negocio que planeábamos montar o el crucero exótico que estábamos a punto de reservar, y en vez de escuchar el «¡Adelante!» que esperabas oír, te encontraste con un «¡Sé realista!» Al momento, tu entusiasmo quedó reducido a cenizas y abandonaste tu proyecto o bien tuviste que volver a aunar el valor y el impulso para llevarlo a cabo. «No arrojéis vuestras perlas a los puercos.» (Mateo 7:6)

Cuando los demás intentan ahogar tus esperanzas en la trituradora de la duda, el Poder Superior está contigo. «"¿Quién camina a mi lado?" Debes hacerte esta pregunta mil veces al día hasta que la certeza haya aplacado toda duda y establecido la paz» (L-156.8:1-2). Cuando el mundo no te entiende, acepta o apoya, no estás caminando solo. Y aunque pierdas la fe en ti mismo, Dios sigue confiando en ti.

Cuando la mayoría de las personas dicen «Sé realista», lo que quieren decir es *Empequeñécete. Limítate. Encállate. Estoy atrapado en mi pequeño mundo de terror y tu visión expansiva me está amenazando. Por eso te ordeno que te revuelques en el fango conmigo. ¡Cómo se te ocurre hacer zozobrar mi pequeño mundo con posibilidades más grandes!* La premisa es que el éxito y la felicidad son ilusiones inalcanzables, mientras que la lucha y el sufrimiento son las realidades con las que hemos de vivir. Y a la miseria le *encanta* la compañía.

Un Curso de Milagros postula otra idea. Nos dice: «Nada de lo que el mundo cree es verdad» (L-139.7:1), y nos pide que recordemos: «Tengo derecho a los milagros» (L, Lección 77). La felicidad, el bienestar y el éxito son nuestro derecho natural y nuestro destino. Todo lo demás son trucos de la mente. El *Curso* nos dice que todo lo que el mundo cree está del revés y boca abajo, como el negativo de una foto que hace que el blanco parezca negro y al revés. Los negativos de las fotos no tienen sentido y son tenebrosos. Con el mundo sucede lo mismo. «El miedo es esa pequeña habitación donde se revelan los negativos», dijo el actor y orador Michael Pritchard.

Cuando las mentes se entregan a la ilusión, el miedo sube al trono de la humanidad. Ahora bien, «Yo estoy en mi hogar. El miedo es el que es un extraño aquí» (L, Lección 160). Si quieres conocer la verdad, toma lo que te han enseñado sobre cómo es la vida y dale la vuelta. Sólo entonces tendrás un atisbo de la realidad. Como dice el personaje de Valentine en la obra *Arcadia,* de Tom Stoppard: «¡El mejor momento posible para estar vivo es cuando casi todo lo que pensabas que sabías es falso!»

¡Es de mentira!

Cuando era niño, cada sábado por la tarde iba al cine con mis amigos y veíamos dos o tres pases de películas de monstruos. Siempre había una escena en la que el dinosaurio gigante estaba a punto de devorar al explorador. En aquellos tiempos, los efectos especiales eran muy sencillos y era evidente que en realidad el dinosaurio era una lagartija de diez centímetros que el cámara había encontrado en su jardín y la había ampliado al máximo para hacer un primer plano. En ese momento siempre había alguno de mis compañeros que me daba un codazo y me decía riendo: «¡Es de mentira!»

Un Curso de Milagros es ese compañero que tienes sentado al lado cuando aparece el monstruo en la pantalla donde se proyecta la película de la vida. El *Curso* te da un codazo, se ríe y te recuerda: «¡Es de mentira!»

> Puedes ciertamente permitirte el lujo de reírte de los pensamientos de miedo, recordando que Dios va contigo dondequiera que tú vas.
>
> L-41.10:1

No importa lo reales que *parezcan* los efectos especiales del mundo, no son más que una película y no se merecen más credibilidad que los que ves en el cine. A Albert Einstein se le atribuye esta frase: «La realidad es una ilusión, aunque muy persistente».

Dios no creó un mundo sin sentido

El *Curso* nos pide que distingamos entre el mundo real que Dios creó y el mundo ilusorio que ha fabricado el miedo. La Lección 14 del *Libro de ejercicios* nos dice: «Dios no creó un mundo sin significado». También nos pide que afirmemos: «*Dios no creó [especifica el desastre], por lo tanto, no es real*» (L-14.4:7). Luego nos pide que pensemos en otras cosas que advirtamos que nos asusten, y que por cada una de ellas afirmemos: «Dios no creó [_____], por lo tanto no es real. La lección recalca: «El mundo que ves no tiene nada que ver con la realidad» (L-14.1:4). El *Curso* nos enseña a retirar la credibilidad que hemos atribuido a los acontecimientos que no surgen de la verdad.

—¡Eh, espera un momento! —replica la mente racional. *Esos hechos son reales. Suceden todos los días. Conozco a personas a las que les han sucedido. No escondas la cabeza bajo el ala de la negación y me digas que los desastres no son reales. ¡Lo son!*

El *Curso* considera las experiencias tristes desde una perspectiva diferente. Nos dice que cuando nos preocupamos por hechos que nos asustan y les concedemos un poder excesivo, estamos escondiendo la cabeza bajo el ala y negando la presencia del amor. Ésta es una visión radicalmente distinta de la forma en que nos han enseñado a ver el mundo. Pero si deseas un cambio radical en tu vida, hace falta una visión radicalmente opuesta. Si tu vida es perfecta y eres feliz, adelante, sigue así. Si, por el contrario, tu realidad actual no te está aportando la paz que anhelas, tal vez debas considerar otra forma de contemplarla. Quizá necesitas un milagro. Quizá necesitas una sucesión de milagros. Quizá todos la necesitamos.

Cuando los grandes espíritus se vuelven realistas

Cuando Hay House Radio (www.hayhouseradio.com) me ofreció presentar un programa semanal, tuve que pensar en un título para anunciarlo. Inmediatamente se me ocurrió *Sé realista*. Me gustó por su doble interpretación. A simple vista, es una invitación a ser sincero respecto a quién eres, qué es lo que crees y cómo quieres vivir: una llamada a seguir el camino de la autenticidad. En un nivel más profundo intento recordar a los oyentes que lo que realmente son es mucho más real que lo que les ha dicho el mundo. Todos somos una manifestación, una idea sagrada a la que se le ha infundido existencia. Somos lo divino enamorándose de sí mismo. Somos seres espirituales creados a imagen y semejanza de un Creador benefactor. «Lo que Él crea no está separado de Él, y no hay ningún lugar en el que el Padre acabe y el Hijo comience como algo separado» (L-132.12:4).

A la mayoría de las personas que han cambiado el mundo para mejorarlo les han dicho: «Sé realista». Los agentes más brillantes del cambio positivo han sido tachados de locos, avergonzados, encarcelados, torturados y asesinados. Einstein observó: «Los grandes espíritus siempre se han encontrado con la violenta oposición de las mentes mediocres». Jonathan Swift dijo: «Cuando aparece un verdadero genio, puedes reconocerlo por este signo: todos los zopencos se unen en su contra». La Iglesia católica mantuvo a Galileo bajo arresto domiciliario hasta su muerte porque se le ocurrió decir que la Tierra giraba alrededor del Sol. Por la misma época, el filósofo italiano Giordano Bruno sugirió que el universo contenía un número infinito de mundos habitados por otros seres inteligentes, y fue acusado de herejía y quemado en la hoguera. Cuando los jueces promulgaron su decreto de muerte, Bruno respondió: «¿No será acaso que quienes habéis pronunciado mi sentencia tenéis más miedo que yo que la he recibido?»

El inventor Thomas Edison se implicó en una vehemente campaña para impedir que el científico visionario Nikola Tesla desarrollara la corriente alterna (CA). Edison quería que el mundo dependiera de su descubrimiento, la corriente directa (CD), y aunque la corriente alterna de Tesla era mucho más eficiente, no se detuvo ante nada para desacreditarlo; incluso llegó a electrocutar caballos en público para demostrar los «peligros» de la nueva forma de electricidad. Edison le decía a Tesla: «Sé realista». Pero Tesla no podía contestarle otra cosa que: «Ya lo soy». Al final, prevaleció la verdad. Ahora, cada vez que enciendes la luz, puedes darle las gracias a Nikola Tesla por ser realista.

La próxima vez que alguien te diga «Sé realista», toma su consejo como el mejor cumplido que puedan hacerte. Da las gracias a quien te lo diga por recordarte que seas tú mismo y lo que has venido a hacer aquí. Tu propósito en la Tierra va mucho más allá que satisfacer a los críticos o probarte a ti mismo según las reglas que te imponen los demás. Tu propósito es reconocer tu grandeza interior y entregarla al mundo. El filósofo chino Chuang Tsé dijo: «El sabio mora entre aquellas cosas que jamás se pueden perder, y por eso vive eternamente». Demuéstrale al mundo lo que es real estableciéndote en la *visión*, no en la *división*. Invita a los negadores a encontraros en un plano superior. Ellos necesitan tu realidad mucho más que tú necesitas la suya.

El amor espera la bienvenida, pero no en el tiempo, y el mundo real no es sino tu bienvenida a lo que siempre fue. Por lo tanto, la llamada al júbilo se encuentra en él, y tu gozosa respuesta es tu despertar a lo que nunca perdiste.

T-13.VII.9:7-8

¿Cómo llegó al mundo
Un Curso de Milagros?

La forma en que *Un Curso de Milagros* llegó al mundo es tan milagrosa como la enseñanza que transmite. La forma en la que llegó *es* la enseñanza que transmite.

La doctora Helen Schucman y el doctor Bill Thetford, psicólogos de la Facultad de Médicos y Cirujanos de la Universidad de Columbia, eran muy respetados en sus respectivos campos. De hecho, el doctor Thetford ocupaba el cargo de director del departamento de psicología clínica del Hospital Presbiteriano-Columbia de la ciudad de Nueva York. Como suele suceder entre académicos no había muy buena relación entre ellos, ni profesional ni personal. Estaban atrapados en hacerse la competencia, en los rumores y en el ego. Tras un intenso período de acritud, Bill ya no pudo más y le dijo a Helen con el corazón en la mano: «Tiene que haber otra manera». Excepcionalmente, Helen estuvo de acuerdo con él y le prometió ayudarle a encontrar una fórmula mejor.

Este momento se considera la interacción seminal que dio como fruto *Un Curso de Milagros*. Dos personas que habían estado claramente separadas decidieron unirse. Con esa chispa de buena voluntad, se abrió una puerta a través de la cual llegó una enseñanza que elevaría significativamente a la humanidad.

Poco después de esta conversación, Helen empezó a escuchar una voz interior que, como ella misma explica, era como «impresiones mentales fuertes y rotundas». La voz le dijo: «Esto es un curso de milagros. Por favor, toma notas». Esto le preocupó, puesto que como psicóloga sabía que a las personas que oyen voces se las suele considerar enfermas.

—Bill, he estado oyendo una voz —le dijo la doctora Schucman al doctor Thetford.

—¿Qué te dice?

—Dice: «Esto es un curso de milagros. Por favor, toma notas». ¿Qué crees que debo hacer?

—¿Por qué no las tomas? —le respondió Bill tras unos minutos de reflexión.

Nerviosa y reticente, pero más animada por la respuesta de Bill, Helen cogió un cuaderno de taquigrafía y fue anotando lo que la voz le dictaba. La introducción es la siguiente:

> Éste es un curso de milagros. Es un curso obligatorio. Sólo el momento en que decides tomarlo es voluntario. Tener libre albedrío no quiere decir que tú mismo puedas establecer el plan de estudios. Significa únicamente que puedes elegir lo que quieres aprender en cualquier momento dado. Este curso no pretende enseñar el significado del amor, pues eso está más allá de lo que se puede enseñar. Pretende, no obstante, despejar los obstáculos que impiden experimentar la presencia del amor, el cual es tu herencia natural. Lo opuesto al amor es el miedo, pero aquello que todo lo abarca no puede tener opuestos.
>
> T-In.1:1-8

Cuando Helen le mostró a Bill el contenido, éste se emocionó. Le dijo que consideraba que el material era extraordinario y la animó a que siguiera tomando notas.

Helen y Bill pronto crearon un ritual como socios escribientes de *Un Curso de Milagros*. Helen iba todos los días temprano por la mañana al despacho de Bill con su cuaderno de taquigrafía. Éste bajaba las persianas y ella le leía lo que le había sido dictado. Bill, que era un buen mecanógrafo, escribía en papel lo que ella había anotado. Este proceso duró siete años.

Poco después, los escribientes, junto con su colega y coeditor, el doctor Kenneth Wapnick, conectaron a través de una serie de curiosas coincidencias fortuitas con Judy Skutch (Whitson). Junto con el esposo de Judy, Bob Skutch, crearon la entidad sin ánimo de lucro Foundation for Inner Peace, que en 1976 publicó la primera edición de *Un Curso de Milagros*.

El editor nunca ha invertido en publicidad o marketing, y se ha limitado a confiar en el boca a boca para dar a conocer el *Curso*. Hasta la fecha se han vendido tres millones de copias, se ha traducido a veinticinco idiomas, su popularidad y respeto va en aumento y sigue transformando vidas de las maneras más profundas.

4

Luces en la sala

En los primeros tiempos de la industria cinematográfica, un grupo de vaqueros entraron en una cabaña, que hacía la función de cine, para ver por primera vez una película, que se proyectaba sobre una sábana colgada de una pared. En la película había una escena en la que aparecían en lo alto de una montaña unos nativos americanos con pinturas de guerra gritando y dando alaridos, dispuestos a atacar al batallón de caballería que pasaba a sus pies. Uno de los vaqueros, al ver la emboscada, se puso en pie, sacó su revólver y disparó seis veces al grupo de indígenas. Encendieron las luces de la sala y todo el mundo se rio al ver los seis agujeros en la sábana que hacía de pantalla.

Un Curso de Milagros nos dice que, al igual que la película de la historia de los vaqueros, el mundo que vemos es una proyección de nuestros pensamientos. Nuestro entorno *parece* estar lleno de personas y cosas que tienen vida propia, pero somos *nosotros* los que infundimos vida a esas apariencias al creer en ellas. Para ser más precisos, nuestra experiencia surge de nuestro *in*-torno. Cuando luchamos contra el mundo exterior nos asustamos, como le sucedió al vaquero que se puso a disparar como un loco a la sábana, en un intento de combatir sus propias proyecciones. Cuando el mundo exterior es amable con nosotros, también somos amables con nosotros mismos, pues estamos inmersos en la proyección de nuestros pensamientos amorosos.

Tus pensamientos son la película, tu mente el proyector y la sábana el mundo. Nunca hallarás la paz culpabilizando a otras personas o situaciones de tu desgracia, ni concediéndoles el mérito de tu salvación. Eres tú quien lo hace todo para y por ti mismo.

La proyección siempre ve tus deseos en otros.

T-7.VII.9:4

La proyección da lugar a la percepción, y no puedes ver más allá de ella.

T-13.V.3:5

Una historia de patos

Cuando vivía en una granja comunitaria de agricultura orgánica, una mañana, sentado en el porche del edificio donde se encontraban los dormitorios, observé a los otros miembros cruzar el césped para ir al comedor. A un lado del camino estaba sentado el pato *Pete*, que saludaba a los transeúntes con un «cuac».

El primero que pasó frente a *Pete* esa mañana fue un cantante profesional. Al oírlo, se detuvo y le dijo: «¡Qué detalle por tu parte cantarme esta canción!»

La siguiente persona que se cruzó con él fue una mujer con bastante sobrepeso. Cuando oyó a *Pete* graznar a su paso, le regañó: «Siempre estás graznando para pedir comida, *Pete*. ¡Ya va siendo hora de que te ciñas a tu dieta!»

La última persona que pasó frente al pato fue un arquitecto muy intelectual. Al oír a Pete, le dijo: «Preguntas, *Pete*, ¡siempre preguntas! ¿Qué te parece alguna respuesta para variar?»

Umm…

Cada uno veía a *Pete* bajo el prisma de su propia percepción de sí mismo. Proyectaba su visión del mundo sobre el pato y le atribuía sus creencias sobre su persona. Estaba hablando consigo mismo. Todos hablamos únicamente con nuestro propio ser.

Proyectar para liberarse de la culpa

Un relato bíblico (Levítico 16:20-22) nos ofrece una excelente reflexión sobre cómo usamos la proyección como mecanismo de defensa psicológico para deshacernos de la culpa. Cuando la recién fundada nación hebrea vagaba por tierras vírgenes en busca de la Tierra Prometida, el pueblo empezó a desanimarse. Algunos creían que sus pecados eran los culpables de que no llegaran a su destino. Así que el sacerdote Aarón llevó una cabra al centro del campamento y le dijo al pueblo hebreo que descargaran sus pecados en la bestia. Después de seguir sus instrucciones, la cabra fue abandonada en el desierto, y se llevó con ella lo que ellos creían que eran sus pecados. Éste es el origen de la expresión *chivo expiatorio*.

Las cosas no han cambiado mucho en los cinco mil años transcurridos desde que se llevó a cabo aquel ritual. Seguimos creyendo que podemos deshacernos de los aspectos de nosotros mismos que no nos gustan proyectándolos sobre otras personas. Las exparejas son excelentes candidatos para estas proyecciones, como lo son los grupos étnicos y raciales. Hitler y el pueblo alemán utilizaron a los judíos para descargarse de su detestable sombra grupal. Los cruzados y la Inquisición asesinaron a millones de personas en nombre de Cristo. Las cazas de brujas, literales y políticas, han llevado a la hoguera a un sinfín de personas inocentes. Las mujeres han sido maltratadas y vilipendiadas durante siglos. Los afroamericanos han sido encarcelados durante décadas por crímenes que no cometieron. A los gays se les han negado sus derechos y han sido relegados…, etcétera. El alivio que promete el ego a través de la proyección sólo termina en tragedia.

Nadie puede cubrir con un manto de oscuridad el mundo exterior y seguir manteniendo la conciencia de la luz interior. La proyección promete proteger al ser, pero sólo le quita su poder. UCDM te asegura que tu verdadero ser no necesita protección. «En mi indefensión radica mi seguridad» (L, Lección 153). Eres eterno, invulnerable e impecable. La proyección sólo acentúa la fisura que percibes entre tú y el amor. No tienes que deshacerte de lo que nunca has tenido. Cuando liberas a otros de la proyección de la asunción de tus falsas debilidades, te liberas a ti mismo.

El nacimiento de un Dios iracundo

La sombra del ser repudiado es, en última instancia, una proyección de la ira contra Dios. La ira es una experiencia totalmente humana, incitada por el sentimiento de culpa, el miedo, la indefensión y la separación. Ninguno de estos rasgos pertenece a Dios. Todas las historias de terror que has oído sobre un Dios furioso y punitivo son el resultado de la atribución antropomórfica de los peores aspectos de la humanidad a la divinidad. Tal como acertadamente afirmó el filósofo francés Voltaire: «Dios nos creó a Su imagen y semejanza, y nosotros le devolvimos el cumplido».

Cuando se produce una catástrofe natural, alguien dice que es un castigo de Dios. Después del terremoto de Haití en 2010, el reverendo Pat Robertson declaró que había sido un castigo de Dios porque los haitianos habían pactado con el diablo. Fue seriamente criticado por su desafortunado comentario. Después del terremoto y tsunami de Japón en 2011, el gobernador de Tokio dijo que esta desgracia sobre el pueblo japonés se debía al egoísmo y al populismo de sus políticos. También a él le censuraron su comentario, y posteriormente tuvo que retractarse.

Una mente inmadura ve a Dios desde la perspectiva de un niño indefenso que se encuentra bajo el pie de un padre opresivo. Una mente madura se reconoce como el hijo de un Dios bondadoso y compasivo que no haría daño a sus hijos como nosotros no se lo haríamos a los nuestros.

El síndrome del redentor

La proyección no niega sólo nuestra sombra, sino también nuestra luz. Tenemos tendencia de negar nuestro propio mérito y a proyectarlo en un redentor externo. Cuando se produce la proyección del redentor en una relación romántica en la que te sientes vacía, sola, o destrozada, y deseas esperanza, pides que llegue un príncipe azul sobre un caballo blanco para que te aleje de los pañales y de las facturas de las tarjetas de crédito, y te diga lo maravillosa que eres a pesar de tu piel de naranja. O cuando fantaseas imaginando que la chica de la última portada de *Playboy* se presentará en la intimidad de ese espacio privado que tienes en tu casa, a pesar de que tu barriga no deja de crecer. Por muy de cuento de hadas que nos parezcan estas cosas, seguimos cayendo en ellas. Hay una interminable serie de novelas, películas y canciones que se basan en esta fantasía. El cuento del redentor.

La creación de redentores religiosos actúa con el mismo paradigma. «Estoy perdido y en el infierno o me dirijo hacia él. Tú eres perfecto y puedes redimirme. Te ruego que me salves.» En el plano metafísico, este paradigma incluye una premisa cierta: reconoces que estás sufriendo, los intentos de redención de tu ego han fracasado y buscas una salida. Necesitas ayuda y estás dispuesto a pedirla y a recibirla. Eso es un acto inteligente. La diferencia está en *cómo* te libras del dolor y te redimes, tu método de salvación puede liberarte o esclavizarte.

Cualquier salvador que proyectes fuera de ti está negando a Dios dentro de ti. Éste es el sentido de la máxima budista: «Si encuentras a Buda por el camino, mátale». Buda no es una persona. Buda, como Cristo, es un estado de conciencia, es el reconocimiento de la divinidad que hay dentro y fuera de ti. Si limitas la santidad a un cuerpo o personalidad y defines a los otros seres como inferiores a lo divino, estás fabricando un dios que es menos que Dios. En *Un Curso de Milagros*, Jesús afirma repetidamente nuestra igualdad con él. Él no se considera más divino que nosotros, sino un hermano mayor que ha recorrido más parte del camino que compartimos y que nos ofrece su mano para que caminemos junto a él. No pretende que le adoremos. Lo que busca es nuestro *mérito*.

No estás separado de la perfección. Buda preguntó: «Si no la obtienes de ti, ¿adónde irás a buscarla?» Todos los viajes exteriores al final conducen al viaje interior, donde existe todo lo que buscas y está esperando tu gozosa aceptación.

No tengas miedo de mirar en tu interior. [...] Dentro de ti está la santa señal de la perfecta fe que tu Padre tiene en ti. [...] Contempla, pues, la luz que Él puso dentro de ti, y date cuenta de que lo que temías encontrar ahí ha sido reemplazado por el amor.

T-13.IX.8:1,7,13

Cura tu relación íntima

Las relaciones íntimas son el ámbito más susceptible a la proyección. Vemos rasgos en nuestra pareja, para bien o para mal, que hemos negado en nosotros mismos. Entonces, adoramos a la otra persona a costa de nuestra propia dignidad, o la atacamos, proyectando nuestra lucha contra nosotros mismos.

Aunque eres igual a la otra persona en cuanto a valor, belleza, sabiduría y fuerza, te has montado una historia sobre quién es tu pareja. Si es una historia positiva, sigue con ella. Si te causa sufrimiento, cámbiala. Si estás tentado de luchar contra tu pareja o idolatrarla, recuerda que ninguna persona tiene poder para herirte o salvarte. Sólo tú puedes hacerte daño o redimirte a ti mismo. Libera a tu pareja de tus proyecciones y te darás cuenta de que los dos sois seres divinos que resplandecéis con tal fuerza que apenas podéis miraros. Entonces tendrás la relación que anhela tu corazón.

UCDM se refiere a nuestras parejas como nuestros redentores, pero no de la forma en que nos han enseñado a creer que alguien puede llegar a salvarnos. Nuestra pareja se convierte en nuestro salvador cuando elegimos ver su luz y amarla por ser quien es, no por ser la persona a la que queremos cambiar para que sea como nosotros queremos. Cuando la aceptamos por ser un alma completa y radiante, aunque no encaje con nuestra imagen de chica o chico de portada, somos redimidos de nuestras ilusiones y proyecciones y entablamos una relación con la persona que Dios creó, no con la historia que habíamos creado sobre ella.

Figuritas de autoridad

Uno de los errores de proyección más persistentes es proyectar autoridad en fuentes externas. Crees que hay personas y grupos ajenos que tienen poder sobre ti: cónyuges, padres, caseros, vecinos, jefes, corporaciones, gobiernos y religiones, por citar algunos. *No hay fuentes externas.* La fuente de tu experiencia con estos «otros» es tu mente.

> Las ideas no abandonan su fuente. [...] Lo que se proyecta y parece ser externo a la mente, no se encuentra afuera en absoluto, sino que es un efecto de lo que está adentro. [...]
>
> T-26.VII.4:7,9

Las figuras de autoridad son en realidad *figuritas* que se alimentan del poder que tú les has atribuido. Del mismo modo que has sido tú quien les ha infundido ese poder, también puedes retirárselo. Nada ni nadie tiene poder sobre tu alma, ni tampoco se lo merece. Es tentador quejarse de que las codiciosas corporaciones se están adueñando del mundo o de que los gobiernos corruptos están arruinando tu vida. Encontrarás muchas personas que estarán de acuerdo contigo, que no harán más que reforzar la proyección y agudizar el sufrimiento que ésta genera. Recobra el poder que has concedido a las figuritas de autoridad y reivindica la autoridad de tus creaciones. Entonces tus proyecciones del mal y de la salvación perderán fuerza y no necesitarás a nadie para que te redima porque ya te encontrarás en tierra santa.

La clave de la proyección de la curación

El antídoto para la proyección, explica UCDM, es la *extensión*. Extensión significa que reconocemos atributos divinos en nuestro interior, y los extendemos para envolver el mundo que percibimos fuera de nosotros. La extensión se parece a la proyección, en cuanto a que estamos sacando algo de dentro de nosotros mismos y lo vemos en el exterior. Pero en la extensión no estamos generando una separación entre nosotros y lo que vemos. Por el contrario, envolvemos el mundo en la bondad que mora en el centro de nuestro ser. La proyección divide y niega. La extensión incluye y acepta.

UCDM nos insta a recuperar nuestras proyecciones y a afirmar nuestras extensiones. No soy una persona aparte que está escribiendo este libro por y para ti. Tú has escrito este libro por y para ti, a través de mí. Yo soy el medio que has elegido para recordarte lo que ya sabes. Mi mentora Hilda Charlton me preguntó una vez si era yo quien había escrito *Un Curso de Milagros*. No pude evitar reírme, pues su pregunta me pareció absurda. *Un Curso de Milagros* fue escrito por Dios a través de Jesucristo. Ése no soy yo. Entonces me consideraba un humilde e ignorante estudiante que intentaba poder comprender algún día este material elocuente, poético y que no pertenecía a este mundo.

Con el paso de los años he ido profundizando en el *Curso* y reflexionando sobre la pregunta que me hizo mi mentora; ahora me doy cuenta de que tal vez no anduviera tan desencaminada como me pareció en su día. Los maestros espirituales no hacen preguntas estúpidas. Lo que puede parecer una pregunta tonta, suele encerrar una simiente de genialidad, que se revela más adelante cuando el estudiante madura. En términos metafísicos, yo *escribí Un Curso de Milagros* y *tú también*. Todo lo que se presenta ante nuestro campo de visión representa nuestra conciencia. «Si lo has visto es porque lo tienes.» La proyección implica que las palabras de la divinidad proceden de fuera de nosotros y que intentan encontrar el camino hacia nuestro interior. La extensión implica que las ideas espiritualmente poderosas surgen de nuestro interior y que encuentran su camino hacia fuera. En última instancia, no existe dentro ni fuera. Todo lo que puedas imaginar y experimentar está dentro de ti. Cuando la proyección cede el paso a la extensión, ya no estás separado de tus creaciones, y todo lo que buscas es lo que eres.

El significado de la expiación

UCDM suele hablar de la «expiación», que para muchos estudiantes es difícil de entender. La expiación es deshacer el mundo del miedo y regresar al amor. Es el despertar del sueño de la separación, recuperar la proyección y restaurar el estado de integridad. Es liberar la identidad limitada como cuerpo o ego, y reclamar tu verdadera identidad como Espíritu. Es la evaporación de las ilusiones del pecado, la pérdida y la muerte, y el regreso a nuestro estado natural de serenidad.

> El Jardín del Edén —la condición que existía antes de la separación— era un estado mental en el que no se necesitaba nada. Cuando Adán dio oídos a «las mentiras de la serpiente», lo único que oyó fueron falsedades. Tú no tienes por qué continuar creyendo lo que no es verdad, a no ser que así lo elijas. Todo ello puede literalmente desaparecer en un abrir y cerrar de ojos porque no es más que una percepción falsa.
>
> T-2.I.3:1-4

La expiación es el abrir y cerrar de ojos en el que la falsa percepción cede su lugar al mundo real. El cielo siempre ha estado aquí; simplemente, no lo veíamos. Cuando te canses de ver un mundo que sufre y que está atormentado, verás un mundo que se ha curado. Entonces, se habrá cumplido la expiación.

Todos proyectamos y vivimos en el mundo de nuestras proyecciones. Estar en un cuerpo implica percibir a las personas y cosas como si estuvieran separadas de ti. Sin embargo, la dinámica de la proyección no es un motivo para desesperarse, sino de celebración. Dios te ama y confía tanto en ti que te dio el poder para invocar mundos y explorarlos. El poder de la holocubierta *Star Trek* no es nada comparado con los universos infinitos que tejemos tú y yo con nuestros pensamientos. No obstante, llega un momento en que dices, como el capitán de la *Enterprise*: «Se acabó el juego». En ese momento las ilusiones en 3-D desaparecen y te encuentras frente a una pantalla en blanco.

Hasta que eso suceda, sigue practicando extender pensamientos que crean el mundo que tú eliges, en lugar del que has recibido por defecto. Hasta que todas las imágenes se disuelvan en la luz, es el mejor juego que vas a encontrar.

No hay ningún mundo aparte de lo que deseas, y en eso radica, en última instancia, tu liberación. Cambia de mentalidad con respecto a lo que quieres ver, y el mundo cambiará a su vez.

L-132.5:1-2

5

El pecado que no tuvo efecto

Durante mi estancia en Spokane, Washington, para presentar un programa, me puse en contacto con mi amigo Alden Crull, un ferviente estudiante de UCDM. Alden no hablaba del *Curso*. Lo *vivía*. Un día que necesité que alguien me llevara a una reunión, él se ofreció amablemente a acompañarme en su coche. Antes de reunirme con él, fui a darme un masaje, me quedé dormido y al despertarme me di cuenta de que ya había pasado la hora de nuestra cita. Cuando por fin llegué a nuestro punto de encuentro, Alden se había cansado de esperar y se había marchado a su casa. Me sentí fatal por haberle hecho esperar y haber faltado a mi cita con él.

Al día siguiente, en cuanto le vi, le dije: «Siento muchísimo haberte dejado plantado». Yo esperaba una respuesta punitiva. Pero no fue así. En su lugar, me sonrió y me dijo: «No pasa nada. ¿Necesitas que hoy te lleve a algún sitio?»

La respuesta de Alden invirtió las leyes del mundo e hizo que se aplicara la ley de los milagros. Según la mentalidad mundana, alguien que había estado esperando debería estar ofendido y decir: «Qué caray. No te voy a volver a esperar para que vuelvas a dejarme plantado. Búscate a otro para que te lleve». Pero Alden se lo tomó de otro modo. Me demostró que lo que yo pensaba que era mi pecado y que le había ofendido a él, en realidad no era así. Fue un verdadero maestro de Dios.

Alden fue un ejemplo de la fórmula de la curación: demuestra a los demás que lo que ellos han *percibido* como sus pecados no han tenido efecto sobre ti. «Tu misión es muy simple. Se te pide que vivas de tal forma que demuestre que no eres un ego. [...]» (T-4.VI.6:2-3). Demuestra que tienes más profundidad, riqueza y fuerza que una persona que se comporte contigo de una manera aparentemente estúpida, inconsciente o negativa. Igualmente, afirma que los pecados que *percibes* que has cometido tú contra otras personas no les han perjudicado.

Todos los resultados del pecado, contra nosotros mismos o los demás, no son más que un montaje que hemos creado. Mantenemos vivo el pecado porque practicamos sus efectos negativos. Cuando practicamos que el pecado no tiene efecto, nos liberamos a nosotros mismos y a los demás. «Lo que no tiene efectos no existe, y para el Espíritu Santo los efectos del error son inexistentes» (T-9.IV.5:5).

El ego contraataca

«¡Pero la mala acción de esa persona *realmente* me ha hecho daño!», argumenta el ego. «No me han ascendido como me merecía porque mi compañero de trabajo ha manipulado al supervisor para conseguir el puesto.» «Alguien me ha contagiado una enfermedad de transmisión sexual.» «El gobierno usa mis impuestos que tanto me han costado de ganar para financiar guerras y seguir enriqueciendo a los que más tienen.»

Cuando te sientes culpable del sufrimiento o de la pena que crees haber causado a otros, sigues alimentando la realidad del pecado y sus efectos. «Eché a perder a mi hijo porque yo era un alcohólico.» «Cuando engañé a mi esposo, le ocasioné un daño irreparable.» «Mis padres me han pagado los estudios universitarios para que fuera médico y ahora me siento fatal porque quiero ser actor.»

A todos nos han hecho daño muchas personas y muchas circunstancias, y todos nos sentimos culpables por haber hecho daño a otros. Aunque todos estos sufrimientos parecen muy reales y justificables, *Un Curso de Milagros* enseña que tu verdadero Ser, y el verdadero Ser de cualquier persona, está en un nivel mucho más profundo que el ser que experimenta el sufrimiento. «Lo que sufre no forma parte de mí» (L, Lección 248). No importa qué errores hayas cometido o hayan cometido los demás contra ti, tu ser interior permanece intacto, inmune al error humano. No fue el acto lo que te hirió, sino *cómo lo interpretaste*. Del mismo modo que elegiste una interpretación que te hizo sufrir, también puedes elegir una que te cure. «Puedo elegir cambiar todos los pensamientos que me causan dolor» (L, Lección 284).

A imagen del amor

UCDM afirma que no hay nada que puedas hacer para que pierdas la gracia de Dios, para que la vida te castigue o te exija tu sufrimiento en modo alguno. No importa qué identidad u obligación siniestra te haya asignado el mundo, eres inocente, absolutamente adorable, y sólo te mereces lo mejor. Sigues siendo tal como Dios te creó.

> *La Santidad me creó santo.*
> *La Bondad me creó bondadoso.*
> *La Asistencia me creó servicial.*
> *La Perfección me creó perfecto.*
>
> L-67.2:3-6

> El Amor, que es lo que me creó, es lo que soy.
>
> L, Lección 229

Para curarte y ser feliz has de buscar, encontrar y ratificar pruebas de tu inocencia. Si te resulta difícil es que debes reconocer que te has aficionado a buscar, encontrar y ratificar indicios de tu culpabilidad. Eres un maestro en seleccionar elementos de tu experiencia y usarlos para demostrar tu debilidad. Puedes utilizar esa misma facultad de percepción selectiva para realzar tu fuerza. Decanta la balanza de la justicia a tu favor reconociendo que la única justicia real es el perdón.

UCDM considera el pecado una ficción absurda que no tiene causa o efecto, una fantasía sin ningún fundamento real. Te pide que perdones a tu hermano por lo que *no* hizo, y que no tengas en cuenta lo «que nunca ocurrió» (L-99.4:3). Libera a tu hermano y a ti mismo de la ilusión de que sus acciones pueden condicionar tu experiencia. Nadie tiene poder para robarte tu felicidad, a menos que se lo concedas. Nadie puede volverte loco, a menos que aceptes que esa persona lleve las riendas de tu vida. *Un Curso de Milagros* nos enseña a recuperar nuestro poder y a ser nosotros los que conducimos, en lugar de ir de paquete.

Sólo quedan las bendiciones

Todos los pecados merodean por los oscuros pasillos del pasado. Son tus *pensamientos* sobre lo que sucedió entonces los que crean los pecados, tanto los tuyos como los de los demás, que te parecen tremendos. Cuando vives en el presente, el pecado es una minucia. Carece de sentido. No existe. La clave para superar el pecado es *cambiar tu forma de pensar sobre el pasado* para que tus pensamientos no interfieran en el sagrado momento presente.

Cuando estaba en secundaria, todos los días iba al instituto con mi amigo George. Un día, en un acto de afecto espontáneo, le pasé un brazo por encima del hombro. Mi amigo se sintió incómodo con este gesto y me lo apartó. Me di cuenta de que había invadido su espacio y me sentí abochornado. Ninguno de los dos dijimos nada y seguimos caminando. Más adelante, ese mismo año, nuestros caminos se separaron porque fuimos a la universidad. No obstante, durante mucho tiempo, cada vez que pensaba en George recordaba ese desagradable incidente y ese recuerdo me hacía estremecer.

Una mañana, al cabo de varias décadas, mi ayudante me dijo: «Ha llamado un tal George. Te ha encontrado por Internet. Dice que te echa de menos y que le gustaría volver a compartir contigo los paseos hasta el instituto».

Sin salir de mi asombro, le llamé y concertamos una cita. En la comida empezamos a recordar.

—Sé que te va a parecer extraño —le dije—, pero a veces todavía me siento raro cuando recuerdo la mañana en la que te pasé el brazo por encima del hombro y me lo apartaste.

—No me acuerdo de nada —me respondió—. Lo único que recuerdo es que todos los días me esperabas, aunque estuviera lloviendo —me dijo mirándome perplejo.

Me quedé alucinado. Durante todos esos años, uno de mis principales recuerdos de mi amistad con George había sido lo que yo había percibido como un error. Sin embargo, lo único que él recordaba era lo bueno. El único lugar donde existía ese recuerdo doloroso en todo el universo era en mi mente. ¡Qué forma de malgastar mis pensamientos y mi energía! ¡Qué alivio fue saber que George siempre me había apreciado! Decidí elegir el recuerdo que *él* tenía de mí, en vez del que yo había estado acarreando durante tantos años. Y así llegó mi libertad.

—Pero ¿y si George no te hubiera perdonado? —salta el ego—. ¿Y si se hubiera sentido avergonzado por tu gesto, o le hubiera herido otro de mayor importancia, estuviera resentido y se hubiera negado a volver a hablarte durante el resto de su vida? ¿Y si los dos os hubierais ido a vuestras respectivas tumbas enfadados el uno con el otro y con el corazón roto? (El ego tiene su propia forma de dramatizar las cosas, como habrás observado.)

George pudo elegir cómo considerar lo sucedido. Eligió no haberse dado cuenta siquiera de ello o haberlo olvidado por completo. Fue *mi* mente la que optó por retenerlo, así que quien sufrió fui yo.

Cuando te *parece* que cometes un pecado contra alguien, existen dos factores: 1) lo que tú hiciste, y 2) lo que la otra persona piensa sobre ello. Lo que tú hiciste es simplemente un acto, sin ningún significado inherente. «Le he dado a todo lo que veo […] todo el significado que tiene para mí» (L, Lección 2). Lo que la otra persona piense sobre tu acto determinará cómo va a experimentarlo. Si elige sentirse ofendida, enfadarse o guardar resentimiento, eso será lo que experimentará. Si elige olvidarlo o recordar sólo las cosas buenas, *ésa* será su experiencia. Tú eres responsable de tu acción, pero la otra persona lo es de su interpretación de la misma y de su subsiguiente experiencia.

Has tenido miles de millones de momentos de experiencias. Aquellos momentos a los que prestas tu atención son los que generarán tu experiencia actual. Si te centras en los momentos dolorosos, creas un pasado doloroso que arrastras al presente. Cuando te centras en los momentos felices, creas un pasado feliz y experimentas paz en el presente.

—Me persigue mi pasado —me dijo un cliente de coaching.

—Tu pasado no tiene poder para perseguirte. Eres tú quien se persigue a sí mismo concentrándote en un pasado doloroso —le respondí.

Un pasado doloroso se cura prestando atención a las bendiciones del mismo. UCDM nos pide que afirmemos: «El pasado ya pasó. No me puede afectar» (L, Lección 289), y nos recuerda: «Todo tu pasado, excepto su belleza, ha desaparecido, y no queda ni rastro de él, salvo una bendición» (T-5.IV.8:2).

> He salvaguardado todas tus bondades y cada pensamiento amoroso que jamás hayas abrigado. Los he purificado de los errores que ocultaban su luz, y los he conservado para ti en su perfecta luminiscencia. Se encuentran más allá de la destrucción y de la culpabilidad [...] Puedes ciertamente partir en paz porque te he amado como me amé a mí mismo. Mi bendición va contigo para que la extiendas. Consérvala y compártela, para que sea siempre nuestra.
>
> T-5.IV.8:3-5,7-9

Dios tiene problemas de memoria

Se cuenta una historia sobre una mujer llamada María, de la que se decía que hablaba regularmente con Jesús. Un sacerdote viejo y amargado se enteró e intentó desacreditarla.

—He oído que hablas con Jesús —le dijo cuando fue a verla.

—Así es.

—La próxima vez que hables con Jesús, ¿puedes preguntarle cuál fue el pecado que cometí cuando estaba en el seminario?

—Lo haré. Vuelve dentro de una semana y te diré lo que me ha respondido —le contestó.

El sacerdote se marchó convencido de que iba a desenmascarar a la impostora.

—¿Has hablado con Jesús esta semana? —le preguntó el sacerdote cuando regresó a casa de María.

—Sí, así es.

—¿Le has preguntado qué pecado cometí en el seminario?

—Sí, se lo he preguntado.

—¿Y qué te ha contestado? —preguntó el sacerdote sentándose y recostándose con los brazos cruzados.

—«Me he olvidado», me dijo.

Dios no recuerda nuestros pecados porque nunca ha sido consciente de ellos. «Dios no perdona porque nunca ha condenado» (L-46.1:1). Sólo necesitan el perdón quienes previamente han condenado. Si la condena ni siquiera ha pasado por tu conciencia, el perdón no tiene sentido y es innecesario. El *Curso* describe el perdón como la ilusión final que deshace todas las ilusiones precedentes. Si queremos parecernos a Dios y experimentar la satisfacción profunda del alma que disfrutan los seres divinos, hemos de aguzar nuestra facultad de olvidar.

Tu futuro no es lo que solía ser

El futuro que esperas es una proyección de tus creencias sobre tu pasado. Tu futuro será como tu pasado mientras sigas albergando los mismos pensamientos que lo crearon. Cuando cambies tu forma de pensar sobre el pasado, cambiarás tus pensamientos sobre el futuro y crearás un futuro mejor. Tu futuro, igual que tu pasado, es una historia que has creado tú. Si te ves a ti mismo y ves la vida a través del miedo, la culpa y la desconfianza, tus esperanzas para el futuro serán igual de mórbidas. Si te contemplas a ti mismo y la vida a través del amor, la inocencia y la fe, tendrás grandes esperanzas para el futuro. Si temes al futuro es porque has sucumbido a creer en el pecado. *Un*

Curso de Milagros nos garantiza que no seremos castigados por nuestros pecados porque no los hemos cometido. Nos dice claramente, «[…] todo lo que crees que inevitablemente ha de ocurrir como consecuencia de él jamás podrá suceder, pues carece de causa» (L-101.5:2).

El ego se obsesiona planificando porque cree que si no lo controla todo, le sucederá algo horrible. Pero es justamente lo contrario. Si el ego no lo controla todo, sucederá algo *maravilloso*. Lo irónico del caso es que es la preocupación del ego por el control lo que impide que suceda algo maravilloso. Para ser más exactos, la preocupación del ego por el control es lo que hace que no te des cuenta de algo maravilloso que *ya* está pasando.

UCDM nos dice que la única expectativa correcta de futuro es la infinitud del bien. El Espíritu Santo, la Voz de Dios que hay en nuestro interior, habla con entusiasmo de un futuro benevolente y bendito.

> [La mente que hace planes] Y no se da cuenta de que aquí y ahora se encuentra todo cuanto necesita para garantizar un futuro muy diferente del pasado, libre de la continuidad de las viejas ideas y de las creencias enfermizas. No hay ansiedad con respecto al porvenir, pues la confianza presente está a cargo de éste.
>
> L-135.16:4-5

No hay razón para que te preocupes por el futuro. Nunca la ha habido y nunca la habrá. El futuro cuidará de sí mismo. «Pongo el futuro en Manos de Dios» (L, Lección 194). Tu trabajo consiste en que tu conciencia se establezca en el asombro, la belleza y el valor del momento presente, que es lo que te hará feliz ahora y te ayudará a seguir siéndolo.

No va a caer ningún palo

Muchas personas se ponen en guardia cuando las cosas les empiezan a ir bien en la vida. Están a la espera de que «les caiga algún palo». Es una creencia popular: si eres demasiado feliz, pasará algo o vendrá alguien que acabará con esa felicidad. Es una de las estratagemas favoritas del ego. El ego se siente amenazado por la felicidad porque piensa que si eres demasiado feliz él se quedará sin trabajo. De modo que si ve que empiezas a salir de la miseria, vuelve a hundirte.

No va a caer ningún palo. El bienestar es tu estado natural y lo único que te mereces. El *Curso* te implora que recuerdes: «La Voluntad de Dios para mí es perfecta felicidad» (L, Lección 101). El miedo y el sufrimiento son las excepciones, no la felicidad. Aquí tenemos otro ejemplo de cómo el pensamiento mundano le da la vuelta a la verdad y la pone patas arriba. El bienestar es tu naturaleza y tu destino. Todo lo demás es producto de una forma de pensar retorcida.

La culpa es castigarte a ti mismo antes de que lo haga Dios. Es un prepago compensatorio innecesario por haber obrado mal. De pequeño te enseñaron que el dolor compraba tu libertad. Hacías garabatos en las paredes con tus lápices de colores y tu padre te zurraba en el trasero y así pagabas por tu «pecado». Y si sacabas malas notas, te confinaban en tu cuarto, y saldabas la cuenta. Y cuando le confesabas tus pecados a un cura, te ponía una penitencia y así volvías a reconciliarte con el Señor. Y ahora, de adulto, te multan por exceso de velocidad, pagas la multa y todo se «arregla». Ésta es la creencia resumida: el pecado se compensa con el dolor, lo cual conduce a la libertad. Así que ahora, cuando crees que has pecado, te echas la culpa y te impones tu propio castigo antes de que Dios te inflija alguno peor. «El ego cree que castigándose a sí mismo mitigará el castigo de Dios» (T-5.V.5:6). Pero no va a venir nada peor. Todo lo que has hecho, te lo has hecho a ti mismo.

También has aprendido lo bien que te sientes cuando finaliza el castigo. El contraste entre el sufrimiento y el fin del mismo puede resultar estimulante. Ésta es la recompensa de hacer el amor después de una pelea. Pero no es necesario que sufras para tener derecho a sentirte bien, como tampoco es necesario que te pelees para disfrutar del sexo. Si te estás golpeando la cabeza con un martillo, te sientes bien cuando dejas de hacerlo, pero podrías haberte sentido bien sin golpearte con el martillo. El contraste es un buen maestro, pero al cabo de un tiempo se convierte en un pérfido tirano. Hay formas más sencillas de aprender.

Cuando te sientes culpable, te estás condenando a prisión por crímenes imaginarios. A Dios no le gusta verte sufrir y no te castiga. Tampoco tienes necesidad de hacerlo tú. Ha llegado el momento de que dejemos de autocastigarnos.

Caso desestimado

Desde que eras niño te han calificado, evaluado, regañado, comparado y juzgado en casi todas las cosas que has hecho, y te han animado a que juzgaras a los demás. La vida se convirtió en una eterna competición para obtener las mejores notas, estar en el mejor equipo, conseguir el mayor número de ventas, los mayores ingresos, el cuerpo más sexy, el vestuario más elegante, el máximo número de «Me gusta» en Facebook, la casa más grande, el coche último modelo y el despacho con más ventanas. Dondequiera que vas encuentras competitividad, calificaciones, ganadores y perdedores. Salvo que tu equipo gane el distintivo, seas el más productivo o ganes el concurso de belleza, habrás fracasado. El segundo puesto, incluso por una milésima de segundo olímpico, no es suficiente. Se dice que Mark Twain dijo: «La comparación es la muerte de la alegría». ¡No es de extrañar que haya tantas personas neuróticas!

Un Curso de Milagros erradica toda esta locura. Nos asegura que lo que somos como seres espirituales está más allá de todo juicio. Ante los ojos de Dios, eres perfecto. Todo aquello por lo cual crees merecer un castigo o considerarte un fracasado no tiene sentido. Tu integridad está intacta y tu mérito jamás ha sido cuestionado. No has de competir para demostrarte nada, pues tienes unos dones únicos que nadie más puede ejercer. Los juicios de los que has estado huyendo nunca llegarán.

No tienes por qué temer que el Tribunal Supremo te vaya a condenar. Éste simplemente declarará sin lugar el caso contra ti. No puede haber caso contra un Hijo de Dios, y todo testigo que da fe de la culpabilidad de las creaciones de Dios está levantando falso testimonio contra Dios Mismo. Apela jubilosamente todo lo que creas al Propio Tribunal Supremo de Dios, ya que éste habla por Él, y, por consiguiente, lo que afirma es la verdad. Declarará sin lugar el caso contra ti, no importa cuán cuidadosamente lo hayas preparado. Lo podrás haber planeado a prueba de todo, pero no está a prueba de Dios. El Espíritu Santo no le dará audiencia, pues Él sólo puede dar testimonio de la verdad. Su veredicto será siempre: «Tuyo es el Reino», porque el Espíritu Santo te fue dado para recordarte lo que eres.

T-5.VI.10:1-8

Corrección verdadera

¿Implica la irrealidad del pecado que tengamos que abrir las puertas de las prisiones y liberar a los criminales? ¿Debería permitirse que todo el mundo hiciera lo que quisiera sin penalización ni castigo? ¿Debemos tolerar el mal? ¿Hemos de dejar que las personas nos hieran?

Claro que no. No ayudamos dejando que las personas que infligen sufrimiento continúen haciéndolo. Las personas que hacen daño a los demás, también se lo hacen a ellas mismas. Están desconectadas del amor. «Personas heridas, personas que hieren» dice el refrán. Aguantar abusos equivale a infligírtelos a ti mismo y a tu abusador. Cuando sea necesario hemos de marcar nuestros límites, rechazar las conductas ofensivas y detener a los criminales.

Cómo frenamos a los criminales es el elemento clave para prevenir una conducta aberrante. Hay dos formas de tratar con criminales que minimizan la probabilidad de que repitan sus actos. En primer lugar, debemos recontextualizar el delito como una oportunidad para el amor. UCDM nos dice que todos los actos son una expresión de amor o una oportunidad para expresarlo. Cualquiera que robe, viole o asesine tiene un enorme agujero en su alma. Se siente vacío, roto, perdido, impotente y solo. A nadie que esté conectado con su verdadero Ser se le ocurriría jamás hacer daño a alguien. Aunque el crimen sea aparentemente competencia de la policía, en el fondo se trata de un alma herida.

El documental *The Dhamma Brothers* narra la evolución espiritual de un grupo de presos condenados a cadena perpetua que participaron en un programa de meditación vipassana. Con el tiempo, estos endurecidos criminales aprendieron a utilizar la meditación para apaciguar sus atormentadas almas. Consiguieron más paz consigo mismos, entre ellos y en sus vidas. Su extraordinaria transformación demuestra que la conexión con nuestra Fuente espiritual tiene efectos prácticos que pueden cambiar nuestra vida.

A mayor escala, los estudios indican que si el uno por ciento de la población de una ciudad medita regularmente, baja su índice de delincuencia. En 1993 un gran grupo de meditadores fue a Washington D.C., que en Estados Unidos es conocida como la capital del asesinato, para aportar más paz a esa ciudad. Al poco tiempo, se observó un descenso en el índice de asesinatos. Se han llevado a cabo más de 200 experimentos similares en escuelas y prisiones de todo el mundo, con resultados asombrosos. Cuando en Senegal se introdujeron prácticas de meditación en la cárcel, al final se cerraron dos penitenciarías. (Para un breve resumen de este fenómeno, mira en YouTube «The Square Root of One Percent» [La raíz cuadrada del uno por ciento].)

Los centros penitenciarios consiguen contención pero no corrección. La encarcelación mantiene a las personas potencialmente peligrosas alejadas de las calles, pero, como bien nos muestran los índices de reincidencia, no consigue rehabilitaciones. ¿Cómo se produce entonces la verdadera corrección?

UCDM nos dice que el punto de partida para toda corrección está dentro de nuestra conciencia. Aunque es importante que examines de qué formas tus actos han hecho sufrir a los demás, es más importante que examines el sufrimiento que te ha conducido a cometer esos actos. Cuando te has liberado del sufrimiento, eres incapaz de hacer sufrir. De ese modo curamos el sufrimiento desde su raíz, no sus síntomas. Toda curación social empieza por la autocuración.

Es tentador intentar corregir a otras personas en lugar de afrontar y curar nuestros propios miedos y juicios. Cuando aceptes tu propia inocencia, sabrás exactamente cómo tratar a las personas difíciles, pues mientras estás bajo la nube de los juicios, no puedes ver a nadie con claridad. «Sin el perdón aún estaría ciego» (L, Lección 247). Y en cuanto consigues establecerte en un nivel superior, adquieres la habilidad de elevar a los que están atrapados. «*La única responsabilidad del obrador de milagros es aceptar la Expiación para sí mismo*» (T-2.V.5:1). No esperes a que los demás corrijan sus acciones antes que tú. Tus acciones influirán en las suyas.

La paz interior es el medio más poderoso para crear transformación global. Mahatma Gandhi, Martin Luther King, Jr., y la Madre Teresa jamás consideraron el mal su enemigo. No luchaban contra las personas. Por el contrario, defendieron la bondad y la igualdad, y por consiguiente hicieron que la sociedad avanzara de formas que los indignados jamás podrían conseguir. Para ellos, la paz no fue simplemente una meta. La paz era el camino hacia todas las metas que valían la pena.

Cuando amamos como Dios

El maestro yogui Paramahansa Yogananda se enfrentó a un vehemente fundamentalista que defendía que todas las personas malas tenían que ir al infierno, y que así sería.

—¿Tienes hijos? —le preguntó Yogananda.

—Tengo un hijo —respondió el hombre.

—¿Tiene algún mal hábito?

—A veces vuelve borracho a casa.

—Entonces, la próxima vez que vuelva borracho a casa, ponle la cabeza en el horno, enciéndelo, sube la temperatura al máximo y no le dejes salir jamás —le sugirió Yogananda.

—¡Jamás haría eso! —replicó el hombre.

—¿Por qué no?

—Porque le amo.

—Entonces, si tú, incluso con tus debilidades humanas, amas a tu hijo de tal modo que jamás le castigarías con esa severidad, imagina cuánto más te ama el Padre Celestial, que por lo tanto jamás se deleitaría en tu sufrimiento.

Un Curso de Milagros nos dice que la culpa, que implica la separación del amor, es el único escenario verdaderamente imposible en el universo. Si el pecado fuera real, haría mucho tiempo que habríamos dejado de existir. La condición humana es terrible. Pero el pecado y el castigo no tienen lugar en un universo cuya base es el amor. Cuando demuestras a los demás que los pecados que creen haber cometido no tienen ningún efecto, ambos os liberáis de la prisión. Si algo no tiene efecto, es que no tiene causa y quizá tampoco haya sucedido. Al final, sólo sucede el amor.

> Ahora sí que nos hemos salvado. Pues descansamos despreocupados en Sus Manos, seguros de que sólo cosas buenas nos pueden acontecer.
>
> L-194.9:1-2

6
Gracias a ti vivo

En el clásico de Charles Dickens *Grandes esperanzas*, el autor nos presenta a la señorita Havisham, una anciana solterona a la que hace muchos años dejaron plantada en el altar. La señorita Havisham todavía lleva su vestido de novia, que ya está amarillento, y su vajilla de porcelana para el banquete de boda descansa sobre la mesa del comedor cubierta de telarañas junto con el pastel que se quedó sin comer. Aunque sólo tiene unos cincuenta años, parece bastante más mayor, porque ha estado ocultándose en la sombra durante muchos años. Dickens la describe como una mezcla entre «una muñeca de cera y un esqueleto».

La señorita Havisham es el ejemplo puro de portadora de «una herida muy valiosa». Su harapiento vestido de novia y el pastel podrido son los distintivos de por vida de su victimismo. Todos los días recuerda la pérdida que no puede superar y la glorifica en el mundo.

«Tiene que superarlo y seguir adelante con su vida», dirás. Por supuesto. No obstante, aunque no nos guste admitirlo, todos llevamos una señorita Havisham dentro. Todos atesoramos heridas.

Un Curso de Milagros lo expone así:

> Tu sufrimiento y tus enfermedades no reflejan otra cosa que la culpabilidad de tu hermano, y son los testigos que le presentas no sea que se olvide del daño que te ocasionó, del que juras jamás escapará. Aceptas esta lamentable y enfermiza imagen siempre que sirva para castigarlo. Los enfermos no sienten compasión por nadie [...] si con ello pueden decir: «Mírame hermano, por tu culpa muero».

Pues la enfermedad da testimonio de la culpabilidad de su hermano, y la muerte probaría que sus errores fueron realmente pecados.
La enfermedad no es sino una «leve» forma de muerte; una forma
de venganza que todavía no es total. No obstante, habla con certeza en nombre de lo que representa. La amarga y desolada imagen
que le has presentado a tu hermano, *tú* la has contemplado con
pesar. Y has creído todo lo que dicha imagen le mostró porque
daba testimonio de su culpabilidad, la cual tú percibiste y amaste.

T-27.I.4:3-11

El kimono ensangrentado

La película china *Dream Lovers* ofrece una imagen dramática de la
exaltación del dolor. Un hombre llamado Song Yu abandona a su novia, Wah-Lei, por otra mujer que él cree que es su alma gemela. Wah-
Lei, destrozada, se dirige a la casa de Song Yu, se corta las venas y llama
a su puerta. Cuando él la abre se la encuentra de pie con su kimono
blanco, los brazos abiertos en cruz y chorreando sangre, y antes de
desplomarse muerta en el suelo solloza: «¡Song Yu!»

Aunque lo que hace esa pobre chica es extremo, describe una dinámica que todos hemos representado. Si alguna vez has arrastrado
un sufrimiento por la pérdida de un amor o por algún tipo de traición,
eres el amante rechazado, el que se corta las venas, el que chorrea sangre hasta caer muerto en su tumba diciendo con palabras o hechos:
«Mírame hermano, por tu culpa muero».

Un Curso de Milagros no se limita a la automutilación psíquica
por un amor no correspondido. El *Curso* nos dice que *cualquier* enfermedad y *cualquier* sufrimiento físico o emocional es nuestra forma
de culpabilizar a otra persona por habernos hecho daño. Si no culpá-
ramos a los demás, dice el *Curso*, nunca enfermaríamos.

Reconozco que esto es difícil de asimilar y que tal vez te sientas
tentado de cerrar ahora mismo este libro y darte un gustazo con chocolate belga o una cerveza. Pero no lo hagas y te demostraré cómo este
principio puede salvarte la vida.

El cuerpo es la voz de la mente

El primer paso para deshacer el dolor o una enfermedad es identificar lo que *percibimos* como la fuente de nuestro sufrimiento o pérdida. Para esto hace falta sinceridad total, puesto que la mayoría de las personas creen que lo que les pasa se debe a agentes externos y a fuerzas más poderosas que ellas mismas. Te contagias de gérmenes por los pomos de las puertas, la gripe «ronda por ahí», Mercurio está retrógrado, los Leo están perdidos si no tienen público, el uno por ciento de los ricos está privando del derecho a voto al noventa y nueve por ciento de la población, se ha presentado el karma de una vida pasada para castigarte, la programación a la que fuiste sometido por unos padres disfuncionales es lo que hace que sigas dejándote pisotear, o, simplemente, se debe a la mala suerte. *Un Curso de Milagros* te diría que nada de esto es una «causa». La única causa es la mente, y el cuerpo es su efecto. «Sólo mis propios pensamientos pueden afectarme» (L, Lección 338).

Repasemos expresiones coloquiales que indican que algo o alguien ajeno a nosotros nos está haciendo sufrir, nos enferma o nos provoca una pérdida:

- Me pones enfermo.
- Acabarás conmigo.
- Mi hijo es como un dolor de muelas.
- Mi jefe es como un grano en el culo.
- Mi ex es una rompepelotas.
- Este proyecto es un mareo.
- No puedo tragar a mi compañero de trabajo.
- Mi novio me partió el corazón.
- Las exigencias de mi madre me están asfixiando.
- La universidad de mi hijo me está costando un ojo de la cara.
- El otro equipo nos ha dado una patada en el culo.
- La economía me está haciendo cojear.
- Este examen me está haciendo sudar.
- La película es lacrimógena.
- Estoy harto de tus mentiras.

- Mi profesor de estadística me provoca sueño.
- Quiere que sea sordo, mudo y ciego.
- El despido fue un bofetón en la cara.
- Su forma de mirarme me pone la piel de gallina.
- Ardo por salir de esta casa.
- Su traición fue como una puñalada en la espalda.
- ¿Quieres sangre?

Quizá no le demos demasiada importancia a estas expresiones cuando las usamos o las justificamos diciendo que son «una forma de hablar», pero demuestran que utilizamos nuestra experiencia corporal para representar la culpa y la culpabilidad que proyectamos en los demás y en nosotros mismos.

En la brillante parábola *Juan Salvador Gaviota*, su autor, Richard Bach, afirma que *tu cuerpo son tus pensamientos en una forma visible.* Un cuerpo sano refleja pensamientos de bienestar. Un cuerpo enfermo «exterioriza» pensamientos de enfermedad. Si crees que los demás pueden hacerte daño o le otorgas valor a pregonar tus heridas, tu maltrecho cuerpo contará esa historia. Por el contrario, si entiendes que tu felicidad es independiente de las acciones de los demás, tu cuerpo expresará vitalidad.

Tu cuerpo dice con su estado físico lo que tu boca no expresa con palabras. Mi amigo Carl era desdichado con una mujer con la que vivía en la Costa Este. Quería romper con esa relación, pero siempre lo posponía. Al final de un viaje de negocios a California, en el coche de un amigo que le llevaba al aeropuerto de regreso a su casa, de pronto, empezó a tener dolor en el pecho y sintió que se desmayaba, hasta el extremo que su amigo tuvo que parar y dejarle salir del coche para que se tumbara sobre una franja de hierba que había en el arcén de la carretera. Su cuerpo estaba expresando algo que su boca callaba: «No quiero volver allí. Me duele demasiado el corazón». Ese episodio le hizo reflexionar y puso fin a la relación.

A través de la expresión corporal nos mandamos los mensajes que necesitamos oír y comunicamos a los demás lo que queremos que escuchen. Ahora bien, si nos comunicamos directamente y actuamos siguiendo las directrices de nuestra voz interior, no necesitaremos que sea el cuerpo el que exprese las palabras o las acciones que nuestra alma nos está indicando que digamos o hagamos.

¿Cuál es el problema contigo?

Ahora ya estamos preparados para una exploración que empezará a deshacer tu sufrimiento:

Describe el dolor, malestar o enfermedad que tienes ahora o que has tenido y di qué o quién es el responsable de causarte ese problema.

Ejemplos:

- *Dolor de espalda:* He de trabajar mucho para sacar adelante a mi familia.
- *Dolor de cabeza:* Hoy los niños me han vuelto loco.
- *Artritis:* Mi marido me tiene encerrada. No me puedo mover.
- *Trastornos urinarios:* Estoy hasta las narices* de mi pareja.
- *Úlcera:* La competencia que tengo en mi campo podría desplazarme si no me adelanto.

Tu turno:

Enfermedad, dolor o pérdida	Persona o situación responsable

---

* En inglés «pissed off», que literalmente sería «mear fuera», significa en realidad estar muy enfadado, aunque es una expresión muy vulgar. (*N. de la T.*)

En todos estos casos hay algo o alguien «externo» que te ha causado problemas y tu enfermedad es la cruz que llevas a cuestas como consecuencia de ello. El origen de tu problema puede ser una persona, una empresa, una institución, la economía, una bacteria, una facción religiosa, un partido político, el gobierno o la alineación planetaria. El mal puede ser una entidad menos concreta, como los vecinos en general, el tiempo, la humanidad, el mundo o Dios. Pero la dinámica siempre es la misma: alguien que no eres tú, que es más poderoso que tú, te ha hecho perder. UCDM nos dice que hasta el más leve suspiro es una expresión de tu victimismo (L-167.2:6).

La salida

Si has llegado conmigo hasta aquí, ya estás preparado para la salida.

Primero reconoce que no hay persona, grupo, situación o condición que tenga poder para arrebatarte tu felicidad. *Nadie. Nada. Nunca.* La alegría es un derecho que Dios te ha dado, un dominio soberano que sólo tú diriges. «Tengo un reino que gobernar» (L-236.1:1). La gente puede *intentar* arrebatarte tu felicidad. Puede amenazarte; criticarte; insultarte; decir mentiras sobre ti; intentar asustarte, intimidarte o castigarte; y hacerle daño a tu cuerpo. Pero no puede quitarte tu paz, a menos que le concedas el poder de hacerlo. Tu bienestar es un regalo de Dios que tienes por defecto, tu derecho personal e intransferible de nacimiento. Si te *parece* que alguien te ha robado la paz, es porque le has permitido entrar en tu santuario sagrado y saquear tu tesoro. «[...] no parece que yo sea [de mi reino] su rey en absoluto, sino que parece imponerse sobre mí, y decirme cómo debo pensar y actuar y lo que debo sentir» (L-236.1:2-3).

No obstante:

La paz fue creada para ti; tu Creador te la dio y la estableció como Su propio regalo eterno. ¿Cómo ibas a poder fracasar cuando tan sólo estás pidiendo lo que Él dispone para ti?

L-185.12:1-2

Todos hemos oído historias de personas que han seguido brillando en las peores circunstancias: en los campos de concentración; tras las secuelas de la bomba atómica; durante los desastres naturales y en medio de depresiones económicas, hambrunas y guerras. Mientras otros tenían miedo y sufrían, algunas personas conectaron con la fe que trasciende todas las apariencias. «Podría ver paz en lugar de esto» (L, Lección 34).

Vi una entrevista con un monje budista tibetano que los chinos habían tenido preso muchos años.

—¿Estuvo alguna vez en peligro real? —le preguntó el entrevistador.

—Sí. Varias veces —respondió el monje.

—Fue cuando le torturaron.

—No, fue en los momentos en los que me enfadé.

El monje no definió el peligro como la pérdida de la libertad física, sino como el peligro de perder la paz espiritual.

Tú y yo quizá no seamos capaces de seguir brillando en un campo de concentración o tras las secuelas de una bomba atómica, pero la cena del Día de Acción de Gracias con tu familia podría ser un buen punto de partida. Si un familiar te importuna, no consideres su conducta como un ataque. No es más que un dato, algo que hace una persona. Los chistes sarcásticos de Uncle Morty* son un indicio de que el pobre hombre debe de estar pasándolo muy mal. Sus dardos sarcásticos son su forma de proyectar sus pecados sobre el chivo expiatorio (que serás tú) y de intentar sacarlo de en medio. Pero no podrá conseguirlo, a menos que le des la razón en que eres un chivo expiatorio y que estás dispuesto a pasarte la vida en el desierto. Sus desagradables palabras son una forma encubierta de pedir amor. Sus chistes no pueden herirte salvo que les otorgues el poder para hacerlo. Eres inexpugnable, estás conectado a la Fuente de la Vida diga lo que diga o haga lo que haga Uncle Morty. Si puedes ser consciente de «En mi indefensión radica mi seguridad», te habrás graduado en la Facul-

---

* Personaje de dibujos animados para adultos, en castellano la serie se llama Rick y Morty. (N. de la T.)

tad del Despertar de Uncle Morty. Entonces, o se marchará de tu vida o perderá su poder para arruinarte tu Día de Acción de Gracias. Sea como fuere, serás libre.

Mi impecabilidad me protege de todo daño.

L, Lección 337

De la muerte a la vida

El segundo paso para invertir el dolor o la enfermedad es sustituir la proyección del pecado por la extensión del amor. Dale la vuelta a la situación a tu favor. Se la habías dado *en tu contra*; ahora toca que le des la vuelta *a tu favor*. Tu nueva frase es: «Mírame hermano, gracias a ti *vivo*». En lugar de culpabilizar a personas que crees que te han hecho daño, concédeles el mérito de ayudarte. No son demonios, sino ángeles.

Hay dos formas de convertir a los demonios en ángeles: en primer lugar, reconocer cosas sobre ellos que realmente valores. Uncle Morty te llevó a la playa cuando eras pequeño. Tu madre todavía te envía dinero para tu cumpleaños. Tu exesposa sigue siendo una buena madre para tus hijos. Tiene que haber *algo* que aprecies realmente de esa persona. Deja de recordar las cosas malas y mezquinas que han dicho o hecho y recuerda las cosas amables y que te han ayudado que han dicho o hecho, aunque sean pocas o sólo una. Has definido a esa persona por sus defectos. Con la misma facilidad —o incluso con *mayor* facilidad— puedes definirla por sus cualidades positivas. Es tu película. Cambia el guion.

Quizás estés pensando que la persona que te ha hecho daño no tiene ninguna virtud. Que es la encarnación del mal, la semilla del diablo engendrada por el propio Satán, el arquetipo del lado oscuro de la Fuerza, destinado a crear el caos y el horror en las vidas de las personas con las que se relaciona. El peor mal bicho que ha caminado sobre la faz de la tierra.

Ya lo tienes.

Supongamos que todo esto sea cierto, que la persona que te ha causado los problemas no es buena, es una traidora, una mentirosa hija de perra. Ahora viene la segunda transformación del mal. Piensa: ¿cómo te ha ayudado a crecer esta persona? ¿Qué músculos espirituales has desarrollado que no hubieras trabajado si esta persona hubiese sido más agradable contigo? ¿Has aprendido a conservar tu poder y autoestima ante el intento de insultarte? ¿Eres ahora capaz de decir tu verdad de una forma más rápida y directa? ¿Eres capaz de pedir lo que quieres en vez de posponerlo pasivamente? ¿Marcas límites saludables para ti? ¿Eres más paciente y compasivo? ¿Tomas decisiones anteponiendo el respeto a ti mismo? Es posible que hayas obtenido muchos beneficios, y que todavía obtengas más, cuando te encuentras con una persona que te pone a prueba. En la Grecia clásica pagaban a un hombre para que te siguiera todo el día profiriéndote todo tipo de insultos, una manera que, se suponía te permitiría trascender el insulto. (Hay un dicho que reza: «El insulto es una bendición para el sabio». De modo que ¡puedes estar agradecido de que tu Cruela de Vil no te haya enviado una factura por sus servicios!

Todas las personas nos ayudan. Algunas lo hacen siendo amables, otras siendo desagradables, y nosotros podemos elegir la amabilidad hagan lo que hagan los demás. Tienes un contrato del alma con tu adversario para ayudarte a evolucionar espiritualmente. Es tu mejor amigo y se ha prestado a disfrazarse de enemigo para motivarte a reivindicar tu poder. Los actores más brillantes son los que interpretan los papeles de malo. Cuando ha terminado la función y se han quitado los disfraces, suelen ser personas bastante agradables, totalmente distintas del personaje que han interpretado en la obra. No prestes tanta atención a su actuación en el escenario y siéntate con ellas en el camerino después de la función, tomaos juntos un vaso de vino y reíros de la actuación de esa noche. Reconoce su verdadera amistad y su apoyo, manifestándose en su talento para interpretar convincentemente al malo.

Culpando a otros de tu pérdida nunca ganarás. Alabando a los demás por su contribución siempre lo harás. Esta inversión de tu perspectiva es el cambio de percepción más útil que lograrás jamás.

La sabiduría de la gratitud

Las personas que realmente han triunfado nunca dicen: «Por tu culpa muero». Justo lo contrario, dan el mérito de su éxito a los demás, y en esencia están diciendo: «Gracias a ti vivo». En términos metafísicos, nadie es responsable de tu éxito. Has triunfado porque elegiste hacerlo. Sin embargo, dar las gracias a otras personas por sus regalos hace que el viaje sea más productivo y divertido que culparles por sus malas acciones.

Los grandes directivos, líderes, héroes del deporte y ganadores de premios atribuyen sus logros a sus amigos, colegas, equipos, familia, empleados y a Dios. Los ganadores de las Series Mundiales hablan del honor que supone jugar con su equipo. Los ganadores de los premios de la Academia leen largas listas con los nombres de las personas que les han ayudado a brillar. Las personas que se han curado han dado las gracias a Dios. Los grandes empresarios envían notas de agradecimiento a sus empleados por haberle ayudado a que su proyecto tuviera éxito. Los políticos inteligentes dan las gracias a sus votantes. Cuando el presidente Barack Obama fue elegido por segunda vez, mandó un sencillo *tuit* a millones de seguidores: «Esto ha sucedido gracias a vosotros. Gracias».

No es necesario que estés o sigas estando enfermo, siendo pobre, estando deprimido, sintiéndote solo o que sigas sufriendo. Estos estados son el resultado de tus interpretaciones de los acontecimientos. Cuando asumes totalmente tu responsabilidad por las decisiones que has tomado, recobras el cien por cien de tu poder para tomar nuevas y mejores decisiones. Puedes dirigir el poder de tus pensamientos en una nueva dirección y atraer curación y vida donde antes sólo veías enfermedad y muerte. Exclamar: «Gracias a ti vivo» es como sacarle la máscara al diablo y contemplar al Hijo de Dios.

> Nada externo a tu mente puede herirte o hacerte daño en modo alguno. No hay causa más allá de ti mismo que pueda abatirse sobre ti y oprimirte. Nadie, excepto tú mismo, puede afectarte. No hay nada en el mundo capaz de hacerte enfer-

mar, de entristecerte o de debilitarte. Eres tú el que tiene el poder de dominar todas las cosas que ves reconociendo simplemente lo que eres.

L-190.5:2-6

¿Quién escribió *Un Curso de Milagros*?

El autor de *Un Curso de Milagros* se identifica a sí mismo como Jesucristo. La voz que dictó el *Curso* hace mucha referencia a los hechos de la vida de Cristo, tal como se narran en el Nuevo Testamento, incluida la crucifixión y la resurrección, como experiencias propias. El autor también hace referencia a muchas frases que en el Nuevo Testamento se atribuyen a Cristo, como propias. Detrás de la palabrería, sabiduría, compasión y visión implícitas en UCDM, es evidente que representa al hombre encarnado llamado Jesús.

No obstante, el Jesús que habla en el *Curso* lleva las enseñanzas de Jesús a un nivel más profundo y extenso que la interpretación general que hacen muchos cristianos del Nuevo Testamento. El autor cita frases y conceptos bíblicos que han sido distorsionados por el miedo y la culpa, y los reinterpreta bajo el prisma de la inocencia, el perdón y nuestra unidad inquebrantable con Dios. Por esta razón, Jesús como autor del *Curso* no es la figura que conocen la mayoría de las personas; no porque sean personajes distintos, sino porque muchas veces miramos al Jesús bíblico a través de los cristales empañados. El Jesús que está detrás de *Un Curso de Milagros* representa el amor, únicamente el amor.

La doctora Helen Schucman, que anotó meticulosamente la sabiduría que fue recibiendo, nunca reivindicó la autoría del *Curso*. Asumió el rol de escribiente y habría seguido siendo anónima si sus compañeros no hubieran desvelado su identidad a sus lectores. De hecho, antes de su muerte, dejó instrucciones concretas a su familia para que en su funeral no se la mencionara como la escribiente de *Un Curso de Milagros*. Siempre fue muy humilde respecto a su función, a pesar de su cósmica importancia, desde el primer momento en que escuchó la voz hasta el final de su viaje en la tierra.

Tanto si crees que fue Jesucristo el autor de *Un Curso de Milagros* como si no, lo que importa es que recibas y vivas sus enseñanzas. Como toda enseñanza espiritual, este material tiene valor si mejora tu calidad de vida, independientemente de quién lo haya creado. Concéntrate en el mensaje, no en el mensajero. Todos los debates sobre la autoría de *Un Curso de Milagros* son una pérdida de tiempo valiosísimo. El *Curso* deja claro que no está interesado en controversias, que es una táctica de demora del ego. Lo único que le interesa es la curación.

Si creer que Jesucristo es el autor de UCDM te reconforta, deja que tu fe y tu intuición te guíen. Si no tienes claro si fue Jesús quien dictó el *Curso*, guarda la pregunta hasta que empieces a recibir las bendiciones de este material. Lo único que importa es el despertar de tu alma. Todo lo demás es secundario.

7

¿No te parece especial?

Mi clienta Stephanie es una mujer de treinta y ocho años que ha triunfado en su carrera profesional como administradora de empresas de una prestigiosa corporación. Está divorciada y tiene un hijo y una hija preadolescentes. Es inteligente, sana, atractiva y respetada por sus compañeros y compañeras. Cuenta con unos buenos ingresos y tiene una hermosa casa en un lujoso barrio. Sin embargo, a pesar de todos sus logros, Stephanie acarrea un pesar en silencio. Echa de menos no haber encontrado todavía a su media naranja. En su vida todo encaja salvo lo de tener una relación estable con esa persona especial para ella.

Me ha contado historias terroríficas de los hombres con los que ha salido. Unos eran pobres; muchos sólo querían sexo; otros eran narcisistas; uno era adicto a la ira; y descubrió que más de uno estaba casado. Uno se emborrachó en una reunión profesional y la avergonzó ante sus compañeros. Varios le hicieron proposiciones, pero no se imaginaba compartiendo el resto de su vida con ninguno de ellos. «Los hombres que me gustan no están interesados en mí. Los que están interesados en mí, no me gustan… ¿Es que nunca encontraré a mi pareja ideal?»

La situación de Stephanie es muy común. ¿Por qué somos tantos los que hemos soportado tanto sufrimiento y decepciones en nuestras relaciones? ¿Por qué es tan difícil encontrar a alguien que coincida con nuestros valores y nuestro punto de vista? ¿Por qué relaciones que empezaron con mucha pasión se deterioran hasta estancarse, caer en la monotonía o en la amargura? ¿Por qué hay tantas personas que buscan la satisfacción fuera de su relación principal? ¿Por qué discutimos con las personas que tiempo atrás nos importaban mucho? ¿Por qué hay tantos divorcios? ¿Por qué hay tantas personas que van de una relación a otra, de matrimonio en matrimonio, y siguen sintiéndose vacías y solas?

Un Curso de Milagros nos aclara esta dolorosa dinámica y nos propone el remedio. El *Curso* dedica mucha tinta a las *relaciones especiales*. Aunque todos queremos conocer a alguien especial y disfrutar de su compañía, el *Curso* le da un sentido único a la palabra *especial*.

En una relación especial elegimos a una persona, objeto o ideología para que sea la fuente de nuestra felicidad. Creemos que estamos vacíos, necesitados o que somos imperfectos, que nuestra vida es aburrida, sin sentido, llena de sufrimiento o de dramas. Entonces, le concedemos a una persona u objeto externo el poder para redimirnos de nuestro sentimiento de carencia y de hacernos feliz. La idea de «que tú me completes» es la máxima por excelencia de la relación especial. Pensar que otra persona puede completarte implica que estás incompleto. Este concepto equivocado respecto a nosotros mismos es la causa de todo nuestro sufrimiento emocional, porque no es cierto. No estás incompleto y nadie puede completarte. Estás eterna, incontestable e irrefutablemente completo.

El gran peligro de la fórmula «que tú me completes» es que si alguien tiene el poder para completarte haciendo lo que te hace feliz, esa persona también tendrá el poder de hacer que vuelvas a sentirte incompleto cambiando la conducta que hace que te sientas valorado. Aunque estar con tu «completador» puede hacer que te dé un subidón y que estés exultante, si la relación hace aguas, te hundirás en las profundidades de la desesperación y te sentirás más solo que nunca. Si una llamada de esa persona te manda directo al cielo, esperar su llamada y que no llegue te enviará directamente al infierno. Si estás «enamorado» de su belleza, cuando ella cambie, se acabará tu «amor». Si su declaración de que tú eres la razón de su vida te da seguridad, el día que él decida irse a pescar con sus amigos en lugar de estar contigo, te sentirás rechazada.

El amor especial es una droga, y de las adictivas. Cuanto más la consumes, más la necesitas. Cuando desparece, experimentas un grave síndrome de abstinencia.

> Pues una relación no santa se basa en diferencias y en que cada uno piense que el otro tiene lo que a él le falta. Se juntan, cada uno con el propósito de completarse a sí mismo robando al otro. Siguen juntos hasta que piensan que ya no queda nada más por robar, y luego se separan. Y así, vagan por un mundo de extraños, distintos de ellos, viviendo tal vez con los cuerpos de esos extraños bajo un mismo techo que a ninguno de ellos da cobijo; en la misma habitación y, sin embargo, a todo un mundo de distancia.
>
> T-22.In.2:5-8

Luego, el patrón sigue reproduciéndose, y buscas y encuentras a otra persona u objeto que cumpla ese rol de salvador. «Siempre es posible encontrar otra» (L-170.8:7). El ego proporciona una lista interminable de objetos especiales. Pero ésta no es la solución para tu vacuidad, como no lo es una inyección de heroína para calmar el mono de un adicto. «Todo aquello que persigues para realzar tu valor ante tus propios ojos te limita todavía más, oculta de tu conciencia tu valía y añade un cerrojo más a la puerta que conduce a la verdadera conciencia de tu Ser» (L-128.3:3). Tarde o temprano tu próxima relación especial se tambaleará y se disolverá, y volverás a estar en el punto de partida o incluso peor.

No puedes identificar algo externo a ti como la fuente de tu bien o de tu pesar y estar en paz contigo mismo. Cuando conviertes algo en especial, le confieres un poder exclusivo para salvarte o hundirte. No hay nada que se merezca semejante poder. Sólo *tú* lo tienes y, cuando lo retiras del objeto designado, encuentras la curación y la redención que la otra persona o cosa jamás podría proporcionarte. Esa persona especial que has estado buscando eres *tú*. «Mi salvación procede de mí» (L, Lección 70).

Hay muchas formas de ser especial

No sólo creamos relaciones especiales con nuestras parejas senti-mentales, sino también con amigos, empresas, posesiones e ideolo-gías. Puedes crear un aura de exclusividad en torno a un maestro, terapeuta, gurú, mascota, deporte, dieta, casa, prenda de vestir o co-che, volverte lelo por una estrella de cine, del rock o un escritor. Pue-des apegarte a una ideología, como la de un partido político. Las no-ticias de la radio y de la televisión están repletas de personas enardecidas que vociferan que su partido siempre tiene razón y que los demás siempre están equivocados. Puedes bloquearte con algo, como la necesidad de conseguir tu habitación favorita en el hotel donde pasas tus vacaciones cada verano. Y la lista sigue. El ego es capaz de usar *cualquier* objeto para su exclusividad y, puesto que tie-ne libertad para hacerlo, lo hará.

Mi mentor era una maestra de yoga que se marchó hasta los Hi-malaya para estar en un *ashram* famoso por su tranquila atmósfera de meditación. Mientras se acercaba al templo oyó una voz que gritaba: «¡Ése es mi cojín!» Inmediatamente otra voz replicó: «¡No, es el *mío*!»

Dos yoguis se estaban peleando por un cojín de meditación, que ambos creían que les ayudaría a encontrar una paz profunda. Siguie-ron peleando. Estos dos ascetas habían renunciado a todo lo demás en este mundo, pero seguían creyendo que necesitaban un cojín especial. Su creencia de que el cojín les llevaría al cielo acabó conduciéndoles al infierno, al menos en ese momento.

Muchos mantenemos una relación especial con el dinero. Si lo tene-mos nos sentimos seguros; si nos falta, nos sentimos limitados. El dinero nos proporciona el ejemplo clásico de traspaso de poder a un símbolo externo. La gente lucha por el dinero, mata por él y acaba con una buena amistad por él. Se han cometido innumerables crímenes por «el todopo-deroso dólar». Los países libran guerras con fines económicos que destru-yen a millones de personas. La dolorosa búsqueda de algo especial no sólo afecta a las personas, sino también a las naciones y culturas.

Irónicamente, la religión es uno de los vehículos más utilizados para las relaciones especiales. Muchas personas están convencidas de que su religión está más cerca de Dios que ninguna otra. Sus adeptos, guiados por la «fe», han librado largas y sangrientas batallas y han asesinado a infinidad de personas en nombre de sus creencias. Sin embargo, Dios no tiene nada que ver con las matanzas. Es lo especial lo que destruye. En el documental *Oh my God*, aparece la dueña de una tienda de armas de Texas que declara ser cristiana. «Todo el que no cree en Jesucristo irá al infierno», afirma. Luego, en Oriente Medio, nos encontramos con un devoto del islam que dice: «Todo el que no adore a Alá irá al infierno», y así sucesivamente. El carácter especial de la religión separa a las personas entre ellas y las separa de Dios bajo la ilusión de acercarlas a él.

Puedes crear una relación especial con un hecho. Conocí a una mujer que había escrito la letra de una canción que fue un exitazo hacía treinta años. Comenzó a hablar del éxito que tuvo su canción. Al cabo de un rato, empecé a preguntarme si le había sucedido algo más en las tres últimas décadas de su vida. Parecía estar tan centrada en ese éxito que desde entonces no había habido ninguna otra cosa en su vida de la que valiera la pena hablar. Estoy seguro de que había muchas otras cualidades o acontecimientos que me hubiera gustado conocer de ella. Sin embargo, su verdadero ser estaba enterrado bajo ese momento de gloria, el recordatorio en oro de su lápida funeraria.

Todos tenemos una relación especial con algo. *Un Curso de Milagros* nos ayuda a entender y a transformar este tipo de relaciones con las herramientas que pronto explicaré.

Odio especial detrás de un amor especial

Las relaciones amorosas especiales se alimentan de un odio especial. Cuando entregas el poder de tu felicidad a alguien, odias a esa persona porque puede manejarte con la influencia que tiene sobre ti. ¿Por qué te iba a gustar —mucho menos amar— alguien que puede hacerte desgraciado? Así que detrás de los susurros suaves y del sexo apasionado, se va cociendo la ira, que estalla cuando no te tratan como te gustaría.

Al mismo tiempo, te odias por haberte vendido. Para aceptar un amor especial, has de considerarte imperfecto, vacío e incapaz de lograr la felicidad por ti mismo. Ése es un lamentable concepto de uno mismo. Te rebajas al necesitar a alguien que te aprecie.

Ésta es la razón por la que las relaciones amorosas especiales se convierten tan rápidamente en odios especiales. Rasca la superficie con una palabra desagradable, una mirada displicente u olvídate de un aniversario, y el «amor» que profesas se esfumará rápidamente. Si tu amor hacia esa persona fuera tan real y profundo, ¿por qué el menor reproche imaginario te pone tan rápida y furiosamente en su contra? ¿Por qué tienes los encontronazos más fuertes con las personas que supuestamente más quieres? Porque el amor que les profesas no es verdadero. Es un amor especial. En el fondo pretendes conseguir algo de esa persona, algo que crees que tú no tienes. Mientras te aporte cosas buenas, la «amas». Pero en cuanto se descuida, ¡ojo! La Bruja Buena del Norte se transforma enseguida en la Malvada Bruja del Oeste.

El odio especial que se oculta detrás del amor especial se manifiesta en las relaciones idolatradas en las que adoras a una celebridad, maestro o gurú. La palabra «fan» es una abreviatura de «fanático». Cuando le entregas tu poder a alguien que *supones* que está más cerca de la belleza, el talento, el poder, el éxito, la riqueza, la sabiduría o Dios que tú, tienes una relación especial con esa persona. Como sucede con la relación romántica especial, tu «amor» es un fino velo para odiar a esa persona por tener más que tú y ser capaz de controlar tu felicidad. La estrella del rock Selena fue asesinada por la presidenta de su club de fans, como John Lennon fue asesinado por un fan descontento. Muchas personas han matado (o desearían hacerlo) a sus parejas. Leí algo sobre una mujer que contrató a un sicario para acabar con su esposo. Cuando falló su intento de asesinato y fue arrestada, explicó que lo había hecho porque su religión no le permitía divorciarse. ¡Oh, humanidad! ¿Dónde está el verdadero amor?

Uno de los ejemplos más claros de odio especial que se oculta tras la cara del amor es el de la muerte del explorador británico James Cook. Cuando el capitán Cook y su tripulación desembarcaron en la bahía de Kealakekua, en la isla de Hawái, por primera vez, los nativos, que jamás habían visto personas de piel clara ni un gran velero, creyeron que él y su tripulación eran dioses. Adoraron a los «dioses» y les dieron el trato reservado a sus deidades. La tripulación estaba encantada de aprovecharse de sus ofrendas. Cuando murió uno de los «dioses» y otro robó un bote de remos del poblado, los hawaianos se dieron cuenta de que los visitantes no eran dioses. Se produjo una rebelión espontánea y una masa enardecida mató al capitán Cook y a muchos de sus marineros. El «amor» especial con el que se autoengañaron los hawaianos, por el cual concedieron un poder inmerecido a un agente externo, no tardó en convertirse en un odio especial. Como dice el músico Dan McKinnon: «Basta con un pequeño error para que un aura se convierta en una soga».

Curar el amor especial

La respuesta a una relación especial, explica *Un Curso de Milagros*, es una *relación santa*. En una relación santa no te consideras una persona a la que le falta algo, ni le concedes a otra persona el poder de salvarte o hundirte. Partes de la premisa de que ambos sois seres completos, que estáis juntos para descubrir, ampliar y celebrar los dones que os concedéis mutuamente y al mundo. Reconoces que el origen de tu felicidad está *dentro* de ti y puedes elegir sentirte bien a pesar de la conducta de tu pareja. Esta última no es la pantalla sobre la cual proyectas tus necesidades insatisfechas y tus disgustos, sino un apreciado compañero o compañera a la que aprecias cada vez más. La razón por la que estáis juntos no es compensar las deficiencias del otro, sino honrar y expresar una suficiencia que ya tenéis. No utilizáis la relación para reñiros mutuamente, para menospreciaros o encasillaros en roles asfixiantes. Por el contrario, es un vehículo para sacar lo mejor de vosotros y avivar vuestra luz para que brille al máximo.

En la relación santa tratáis de potenciar vuestra dicha mutua, en lugar de intentar sacarla de vuestro único proveedor. Dios es tu proveedor y tu suministro puede proceder de muchas partes, incluso de tu pareja, pero no sólo de ella. El amor que compartís va mucho más allá del romance, la química sexual, las preferencias personales o las afiliaciones políticas. No sois simplemente dos personas que os unís para compensar las deficiencias de la otra persona. Sois Dios descubriéndose a sí mismo a través de su amado o amada.

> La relación santa parte de una premisa diferente. Cada uno ha mirado dentro de sí y no ha visto ninguna insuficiencia. Al aceptar su compleción, desea extenderla uniéndose a otro, tan pleno como él. No ve diferencias entre su ser y el ser del otro, pues las diferencias sólo se dan a nivel del cuerpo. Por lo tanto, no ve nada de lo que quisiera apropiarse [...] Él se encuentra justo debajo del Cielo [...] Pues esta relación goza de la santidad del Cielo. ¿Cuán lejos del hogar puede estar una relación tan semejante al Cielo?
>
> T-22.In.3:1-9

Ir más allá de la forma

Una de las maneras de cultivar una relación santa es abandonar tu insistencia sobre la forma en que crees que debería comportarse tu pareja y apoyarla en el camino que ha elegido, en lugar de que siga el que tú esperabas. Asimismo, libérate de las exigencias y expectativas egoístas de tu pareja. Esto puede ser un problema para las parejas que pertenecen a cierta religión, tradición familiar, negocio, estilo de vida o rutina. Si uno de los dos elige explorar otro camino, la otra persona puede molestarse e intentar presionar a su pareja para que siga el guion. Exigir que tu pareja se mantenga fiel a cierta forma es un indicativo inequívoco de una relación especial. El no apego a una forma es un indicativo inequívoco de una relación sana y santa.

Mi clienta de coaching Jodi es mormona y lleva casada casi treinta años. Durante todo ese tiempo, ella, su esposo y sus cinco hijos han participado activamente en los rituales y en la comunidad de la Iglesia de Jesucristo de los Santos de los Últimos Días.

Hace unos pocos años sintió que quería explorar otras filosofías, incluidas otras formas de expresión espiritual: todas las prohibidas según el mormonismo tradicional, que expulsa a los que se atreven a cruzar la línea. Así que para Jodi expresar su deseo de adentrarse en caminos no tradicionales supuso un gran salto de fe.

Aunque a su esposo Don al principio le provocó mucha ansiedad que su esposa decidiera ver qué había más allá de su iglesia, la apoyó en su aventura de búsqueda espiritual. Jodi buscó un coach personal, leyó libros de Paramahansa Yogananda, puso un altar donde incluyó una estatuilla de Buda y de la deidad hinduista Ganesha e hizo una extraordinaria escapada ella sola para hacer un retiro de meditación. Si Don hubiera estado aferrado a su relación especial, se habría subido por las paredes y hubiera llamado a los padres de su iglesia para «desprogramar» a su esposa. Pero hay que decir a su favor que siguió amándola igual, lo que hizo que ella le amara todavía más. Su confianza en la exploración de su esposa no disolvió su matrimonio, sino que lo fortaleció. La última vez que hablé con ella, me dijo que había estado haciendo prácticas sexuales tántricas con Don. Ambos tienen mucho mérito por su capacidad para fluir con los cambios en su relación y ser capaces de crear mutuamente un matrimonio basado en el amor, no en el miedo.

Mi madre me enseñó una lección que cambió mi vida en lo que se refiere a las relaciones familiares santas. Cuando emprendí mi camino espiritual, me sentí inspirado por las enseñanzas de Jesús. Estudié el Nuevo Testamento y puse una pequeña imagen de Jesús en el salpicadero del coche.

Mi madre, judía, no estaba especialmente entusiasmada por tener que llevar a Jesús de copiloto. Cuando pasaba a recogerla para llevarla a comprar, bromeaba sobre la imagen. «¿Pasaste frío aquí fuera la noche pasada, Jesús? —le preguntaba burlonamente a la imagen apuntándola con su dedo índice—. ¿Te gustaría que te hiciera un jersey?»

Así que por respeto a mi madre (en particular porque fue ella quien me compró el coche), saqué la imagen del salpicadero y la puse en la guantera. Cuando mi madre volvió a sentarse en el coche no dijo nada, pero se la veía bastante más feliz, así que supuse que Jesús estaría sonriendo en secreto dentro de la guantera.

Al cabo de unas pocas semanas fui a visitarla y vi algo que no había visto nunca en mi casa ni en ninguna casa judía. En la mesa del comedor, apuntalada contra un servilletero, había una pequeña imagen de la santa católica Verónica.

—Mamá, ¿de dónde has sacado esto? —le dije atónito.

—La vi en una venta de cosas de segunda mano en un garaje —respondió como quien no quiere la cosa—. Pensé que te gustaría.

Me quedé sin palabras. Para que mi madre me trajera esa imagen, primero tuvo que trascender su sistema de creencias y sus valores de toda la vida como judía y como madre judía.

Ésa fue la mayor lección de amor incondicional que me han dado jamás. En aquellos tiempos yo daba clases de yoga y meditación y hablaba a las personas sobre el amor incondicional. Al ver la imagen en la mesa del comedor de mi madre, me di cuenta de que todas mis palabras estaban vacías. Con esa sola acción, ella me demostró lo que era el verdadero amor, no de un modo teórico, sino de un modo totalmente práctico. En ese momento nuestra relación pasó a ser la más sagrada de las relaciones.

No puedo sonreír sin ti

La otra cara de la moneda de las relaciones de amor y odio especial es ser el objeto de alguien que proyecta su amor u odio especial sobre ti. Es posible que alguien se haya encaprichado de ti, te adore como maestro, te idolatre como a un héroe, te venere como su salvador o decida que puedes completarle en su vida como ninguna otra persona podría hacerlo.

¡Cuidado!

La vía del amor especial siempre oculta minas antipersona de odio especial. Aunque tu ego se sienta honrado por ser el centro de adoración de otra persona, pagarás un precio que superará en mucho la gloria de tus quince minutos de popularidad. En algún momento, tu admirador se sentirá decepcionado, advertirá en ti defectos, te acusará de ser egoísta e intentará crucificarte.

Hablo por propia experiencia. En mis primeros tiempos como escritor recibía un montón de cartas, muchas de las cuales traspasaban la barrera del aprecio y entraban en una adoración patológica. Sin experiencia en la dinámica del amor especial, saboreé y cultivé la comunicación con esas personas. Al final, todas me enviaron cartas de indignación acusándome de no ser quien decía ser. Pero yo nunca dije que fuera la persona con la que ellas estaban enfadadas. Se montaron una película sobre quién era yo, y cuando no estuve a la altura de las circunstancias según su entender, se produjo el choque. En la actualidad, ya no me entrego a cualquier persona que me mire con estrellitas en los ojos. Todo lo contrario, procuro mantenerme a distancia. Yo no soy su respuesta. Soy una persona como ellas, que está siguiendo su camino para conseguir mayor claridad. Platón dijo: «La verdadera amistad sólo se produce entre iguales».

También puedes ser el objetivo de alguien que decide saltarse la fase del amor especial y va directamente al odio especial. Alguien que se sienta herido o que sea emocionalmente inestable puede convertirte en el objeto de su furiosa campaña. En tal caso, la venganza no es contra ti, es contra la proyección que esa persona ha hecho sobre ti. Si te defiendes o tomas represalias, te hundirás más en el fango. («No luches nunca contra un cerdo —reza un aforismo que se atribuye a George Bernard Shaw—. Porque ambos os ensuciaréis y a él le gustará.») Por el contrario, procura ver el ataque de esa persona como una oportunidad para amar. Limítate a confiar en la realidad del bienestar y mantente firme en tu inocencia. «No necesito nada más que la verdad» (L, Lección 251).

Herramientas para la transformación

Las relaciones de amor especial son el arma favorita del ego para alejarte de la paz (véase T-16.V.2:3). Crees que te conducirán al cielo, pero te condenarán al infierno. Las relaciones santas nos llevan al cielo. Cuando hay angustia en una relación, es una señal de que lo especial ha irrumpido en el amor. En ese momento tienes una oportunidad de oro para sanar tu mente y tu corazón y tomar una nueva decisión.

> Las pruebas por las que pasas no son más que lecciones que aún no has aprendido que vuelven a presentarse de nuevo a fin de que donde antes hiciste una elección errónea, puedas ahora hacer una mejor y escaparte así del dolor que te ocasionó lo que elegiste previamente. En toda dificultad, disgusto o confusión Cristo te llama y te dice con ternura: «Hermano mío, elige de nuevo». Él no dejará sin sanar ninguna fuente de dolor, ni dejará en tu mente ninguna imagen que pueda ocultar a la verdad. Él te liberará de toda miseria a ti a quien Dios creó como un altar a la dicha. No te dejará desconsolado, ni solo en sueños infernales, sino que liberará a tu mente de todo lo que te impide ver Su faz.
>
> T-31.VIII.3:1-5

Aquí tienes algunos consejos específicos para transformar las relaciones especiales en relaciones santas.

1. **Reconoce el precio que estás pagando por ese amor u odio especial.**

    Las relaciones especiales tienen un alto coste. Te ocasionan un gran dolor emocional, con frecuencia acompañado de trastornos físicos e importantes pérdidas económicas. No puedes permitirte ese sufrimiento. Si tu relación te ocasiona más sufrimiento que alegría y tus pérdidas superan tus ganancias, no debes continuar como hasta ahora. Sé sincero sobre qué es lo que está funcionando y qué no está funcionando en tu relación, qué te hace sufrir y qué te cura. Negar tu dolor no te servirá de nada. La sinceridad sí. Una comunicación sincera es el primer paso para transformar las relaciones especiales en relaciones santas.

2. **Cambia tu visión.**

    Si sufres por una pareja o por cualquier objeto especial, es porque no estás viendo a esa persona u objeto con claridad. Lo que estás viendo es *tú versión* de esa persona u objeto. Si vieras a tu pareja tal como es, sólo sentirías amor y aprecio. Pero los velos de la ilusión distorsionan nuestra percepción y sólo podemos ver fragmentos de la totalidad. La ira es un signo de que te estás concentrando en aspectos limitadores o ilusorios para justificar tus juicios. «Estoy disgustado porque veo algo que no está ahí» (L, Lección 6). Para curar tu relación busca, encuentra y concéntrate en los aspectos que apoyan tu versión favorita de tu pareja. Deja de machacarte con sus defectos, premia los aspectos favorables y potencia las conductas y relaciones que deseas. Dale Carnegie aconsejó: «Dale a la otra persona una buena reputación para que pueda vivir de acuerdo con ella».

Tenía una vecina que para mí era una alcohólica detestable. Brenda se sentaba en la mesa de la cocina con su marido, bebía y se quejaba. No le veía ninguna buena cualidad. Un buen día ella y su esposo acogieron en su casa a un joven. Mark ayudaba a la pareja en las tareas domésticas y vivió con ellos durante años. Cuando Brenda falleció, Mark me dijo: «Brenda era una de las mejores personas que he conocido. Su esposo y ella me trataron como a un hijo. Siempre la recordaré y la amaré». En ese momento me di cuenta de lo errónea que era mi visión sobre Brenda. Me estaba concentrando en un aspecto de ella que me hacía sufrir. Mark, sin embargo, lo había hecho en un aspecto que le hizo feliz. Ambos estábamos madurando los frutos de nuestra interpretación. A partir de ese instante, empecé a pensar en Brenda como una persona amable y eso me dio paz.

No puedes controlar la conducta de los demás ni puedes decirles lo que han de decidir. Pero lo que sí puedes controlar por completo es en qué aspectos te vas a fijar para engrandecer tu experiencia. En esto reside tu verdadera autoridad. «Mi Padre me da todo poder» (L, Lección 320).

Practicar el principio de la *Experiencia sigue a la visión* transformará tu relación con un objeto como el dinero. Si los temas financieros te estresan, es porque no ves el dinero con claridad. Estás viendo tu interpretación negativa del mismo. El dinero es neutral y no tiene nada que sea inherentemente estresante. El estrés es más una actitud que una situación. La idea de que el «dinero es el origen del mal» es una artimaña del ego, que está obsesionado con el mal y con sus causas. El Ojo Espiritual, por el contrario, ve en el dinero una forma de expresar amor. El dinero es una bendición cuando lo recibes y te bendice a ti y al receptor cuando lo das. El dinero da la vida. La raíz del mal es el *miedo*, no el dinero. Cuando ves el dinero como la raíz de todo lo bueno, se convierte en tu amigo, encuentra su camino para llegar hasta ti y aumenta la felicidad en el mundo al pasar por tus manos, tanto para recibirlo como para gastarlo.

3. **Establécete en la conciencia del ahora.**

UCDM llama al momento presente «el instante santo». En las discusiones que se producen en las relaciones utilizamos la artillería del pasado en el presente para justificar nuestra postura. Siempre sale a relucir lo que la otra persona hizo, en lugar de considerar lo que es ahora. ¿De qué discutirías si no recurrieras a las tropas de los días pasados? Puede que disfrutaras del momento presente, fresco y claro, con tu pareja de tu parte, en lugar de estar cada uno en bandos opuestos.

4. **Intenta unir en lugar de separar.**

Los escribientes de *Un Curso de Milagros* atribuyen el nacimiento del *Curso* a su decisión de apoyarse mutuamente, en lugar de seguir manteniendo el conflicto que había entre ellos. Si haces lo mismo, estarás abonando la tierra para que se produzcan milagros y puedas sanar las relaciones que te hacen sufrir. En el documental *Oh my God*, hay una escena conmovedora en la que se ve a un rabino judío y a un imán musulmán caminando juntos por las calles de Jerusalén, rodeándose con los brazos por la cintura. Esta escena fue un soplo de aire fresco después de muchas entrevistas con fanáticos religiosos que utilizaban su fe como instrumento de división, en lugar de unión. Cuando todos podamos alcanzar ese estado del rabino y el imán, el mundo estará más cerca del cielo.

Mi cliente Max llevaba muchos años casado con Sonia; tenían dos hijos en común. Sin embargo, un día él reivindicó su homosexualidad y dejó a su esposa por un hombre llamado Trevor. Aunque al principio Sonia se quedó en estado de *shock* y decepcionada por la revelación de su marido, ambos han seguido manteniendo una relación de afecto y ayuda mutua. Cuando Trevor se puso enfermo, Sonia fue a su casa y le preparó batidos. Aunque su matrimonio con Max no había salido como ella esperaba, llegó a la conclusión de que tener una relación santa con él era más importante que tener una relación especial, y eso es lo que han creado. Max sigue amando y respetando a Sonia, y sólo habla maravillas de ella. Esta pareja ha preferido ser para sus hijos un modelo de cariño, en lugar de un modelo de conflicto, y todos han salido beneficiados con ello.

UCDM nos dice que las relaciones santas, al igual que los milagros, invierten las leyes del mundo (T-1.I.9:2). En la mayor parte del mundo, especialmente en ciertas religiones, se considera que un hombre que abandona a su esposa debería ser castigado. Las leyes de Dios recomiendan que se le ame. El mundo real, tal como Dios lo creó, es lo opuesto al mundo que ha creado el ego. La relación entre Max y Sonia es el vivo ejemplo de un amor genuino. Aunque ya no están juntos físicamente, están muy unidos espiritualmente. Las relaciones santas son la sede de los milagros.

5. **Invita al Poder Superior a tu relación.**

Si tienes problemas en tu relación es porque has puesto en manos del ego un asunto que no es capaz de manejar. El ego medra con lo especial y no tiene las cualidades necesarias para crear y mantener una relación santa. «Tú no puedes ser tu propio guía hacia los milagros, pues fuiste tú el que hizo que fuesen necesarios» (T-14.XI.7:1). No puedes salir de un problema en una relación con la misma mentalidad con la que la iniciaste. Aquí es donde necesitas la ayuda del Espíritu Santo. El *Curso* explica que el Espíritu Santo es la parte de tu mente que está unida a la sabiduría divina. Ésta es mayor, más inteligente, clara y fuerte que ninguna dificultad o solución que pueda plantear el ego. El Espíritu Santo resolverá los problemas de tu relación milagrosamente. Pero has de estar abierto para que te guíe. Has de estar dispuesto a invitar al Poder Superior a que haga por ti lo que tú no has podido hacer por ti mismo. «[...] se te proveyeron los medios con los que puedes contar para que se produzcan los milagros. El Hijo de Dios no puede inventar necesidades que Su Padre no pueda satisfacer sólo con que se dirija a Él levemente» (T-14.XI.7:2-3).

La respuesta a las dificultades de tu relación es mucho más sencilla de lo que imaginabas. No tienes por qué hacerlo todo tú solo. Pide ayuda de todo corazón y la recibirás. Se te dirá exactamente qué tienes que hacer, cuándo y cómo. No importa qué haya sucedido o esté sucediendo con tu pareja humana, tienes una Pareja Divina que te guiará en todas las etapas de tu camino y hará que tus relaciones en la Tierra sean como las del cielo.

Relaciones especiales que funcionan

Un Curso de Milagros no nos pide que abandonemos las relaciones especiales. La atracción y la preferencia son aspectos innatos en los seres humanos. Así que cásate con la persona que ha encendido la llama de tu espíritu, quédate con lo que te sientas más cómodo, ve a la iglesia que esté de acuerdo con tus creencias, anima a tu equipo deportivo preferido, ve de vacaciones a tu lugar favorito y pide crema con azúcar quemado de postre. Sé objetivo con tus preferencias y no dejes que te quiten la calma. En el momento en que te enfadas porque tu pareja no ha sacado la basura, se ha retrasado tu vuelo o tus vecinos acuden a una iglesia que no te gusta, te conviertes en esclavo de lo especial. Si puedes superar las ganas de estrangular a tu pareja, de montar pataletas o de quemar a los no creyentes en la hoguera, te irá bien.

UCDM también reconoce que tienes una función especial (T-25. VI). Existe un camino único para ti que se basa en tus talentos, visiones, deseos e inclinaciones especiales. Esta función especial es inspirada y guiada por el Poder Superior, Quien quiere que seas tú quien la lleve a cabo. No intentes sofocar o acabar con tus alegrías, pasiones y forma de expresarte únicas. Todo ello forma parte del camino que te curará a ti y a los demás, en cuanto lo reclames y actúes de acuerdo con él.

> A cada cual Él le asigna una función especial en la salvación que sólo él puede desempeñar, un papel exclusivamente para él. Y el plan no se habrá llevado a término hasta que cada cual descubra su función especial y desempeñe el papel que se le asignó para completarse a sí mismo en un mundo donde rige la incompleción.
>
> T-25.VI.4:2-3

Las relaciones especiales, por difíciles que puedan ser, son el terreno más fértil para la transformación. Cuando conviertes una relación especial en una relación santa, has hecho el trabajo de toda una vida. «El más santo de todos los lugares de la tierra es aquel donde un viejo odio se ha convertido en un amor presente» (T-26.IX.6:1). Las relaciones humanas especiales en realidad *ya* son santas en cuanto a que ambos sois aspectos resplandecientes de un Dios perfecto y estáis juntos para descubrir vuestra grandeza. *Un Curso de Milagros* nos ayuda a retirar el velo de lo especial de nuestras relaciones santas para que podamos liberar lo que Robert Browning describió como «el resplandor encerrado».

La vía directa para curar nuestras relaciones se encuentra en la Lección 161: «Dame tu bendición, santo Hijo de Dios». Todas las relaciones son bendiciones para que expandas el amor en tu vida. Si no percibes las bendiciones, es porque te has estado concentrando en los defectos. Pide, reza y afirma que vas a encontrar la bendición en tu relación. Está ahí. La dicha y la sanación que experimentas al transformar una relación especial en una santa superan en mucho las mezquinas recompensas que espera conseguir el ego. Richard Bach dijo: «Las verdaderas historias de amor nunca tienen final». Todas las relaciones tienen el potencial de convertirse en verdaderas historias de amor. Cuando reconozcas los bienes que te ofrecen, darás gracias por todas las personas que han compartido tu camino, ya sea por un momento o durante toda su vida, y todas tus relaciones te bendecirán para siempre.

> No es un sueño amar a tu hermano como a ti mismo [...] Deja que Él lleve a cabo la función que Él le asignó a tu relación [...] y no habrá nada que no contribuya a ella [...]
>
> T-18.V.5:1,6

8
El cuadro y el marco

Vincent van Gogh es uno de los artistas más prestigiosos de la historia. En 1990 uno de sus cuadros fue vendido por 82,5 millones de dólares (ajustando los precios a la inflación, a día de hoy equivaldría a 149 millones), y toda su obra está valorada en 700 millones de dólares actuales. Van Gogh sólo vendió un cuadro en toda su vida, por 400 francos. Sus cuadros tenían tan poco valor que se vendían en lotes y no por el carácter artístico de su obra, sino por lo que valía el marco. Los compradores consideraban que iban muy bien para encender los fuegos de sus chimeneas. De hecho, se consideraba un fracasado y se suicidó.

Un Curso de Milagros, en «Los dos cuadros» (T-17.IV), utiliza la analogía de un cuadro y un marco como metáfora para una enseñanza esencial sobre cómo sanar nuestras relaciones especiales. Un cuadro es enmarcado con un marco enorme y llamativo que acapara toda nuestra atención, hasta el extremo que casi ni nos fijamos en la obra. El otro lleva un marco mucho más modesto y de buen gusto que realza el esplendor de la obra.

La relación especial te ofrece el marco más imponente y falaz de todas las defensas de las que el ego se vale. Su sistema de pensamiento se ofrece aquí, rodeado por un marco tan recargado y elaborado, que el cuadro casi desaparece debido a la imponente estructura del marco. En el marco van entretejidas toda suerte de fantasías de amor quiméricas y fragmentadas, engarzadas con sueños de sacrificio y vanagloria, y entrelazadas con hilos dorados de

auto-destrucción. El brillo de la sangre resplandece como si de ru-
bíes se tratase, y las lágrimas van talladas cual diamantes que refulgen tenuemente a la luz mortecina en que se hace el ofrecimiento.

Examina el *cuadro*. No dejes que el marco te distraiga [...] El marco
no es el regalo.

Extracto de T-17.IV. 8-9

El *Curso* utiliza aquí unas imágenes tan llamativas porque quiere
captar tu atención y desbancar así la ilusión más apreciada del ego. El
mundo está más fascinado por los marcos que por los cuadros, por la
forma más que por la esencia. Estamos tan fascinados por el envolto-
rio que nos olvidamos del regalo. Nos fascina la chica que tiene un
cuerpo sexy; el magnate con mucha pasta; el trabajo con muchos beneficios; la gran mansión con pórtico; el deslumbrante deportivo rojo;
la cirugía estética que nos ayudará a parecer más jóvenes y a estar más
atractivos; el contrato con la compañía discográfica que nos lanzará al
número uno de las listas. Esto son juguetes llamativos que despliega el
ego ante nuestras narices, lo que no quiere decir que no desees, tengas
o disfrutes de estas cosas. Pero advierte que si estás más fascinado por
el marco que por el cuadro, tal vez consigas el mundo pero pierdas tu
alma.

La película *Al diablo con el diablo* (versión 2000) nos ofrece una
impresionante lección sobre la diferencia entre el cuadro y el marco.
Elliot es el típico bonachón no muy popular entre sus compañeros
de trabajo que está enamorado de la preciosa pero inalcanzable Alison. Entonces aparece el diablo, que le ofrece siete oportunidades de
estar con la mujer de sus sueños a cambio de su alma. Elliot acepta.
El único problema es que cada vez que habla sobre cómo cree que
atraería a Alison, sucede algún trágico incidente que sabotea su éxito. En una de sus fantasías, él es rico pero ella le engaña. En otra, él
es un tipo sensible pero ella le deja porque no soporta su debilidad.
En otra, es un tipo brillante pero gay. Al final, se le acaban todas las
oportunidades y el diablo está a punto de cobrarse su alma. Enton-

ces conoce a un ángel con cuerpo humano que le recuerda que su alma pertenece a Dios y que no hay ningún diablo que pueda apropiarse de ella. Elliot vuelve a despertar el valor de su espíritu y se da cuenta de que lo que realmente desea es una relación con una persona real. Al final, el universo trama una manera inteligente para que la consiga, como lo hará por ti.

Conocí a una cantante que estaba obsesionada con ver su nombre en los carteles luminosos de Las Vegas. Tenía talento, pero estaba tan obcecada con ser una estrella que aceptó compromisos nefastos. Tuvo trabajos temporales horribles, se acostó con productores detestables y recorrió el mundo en su interminable búsqueda del elogio y el aplauso. Al final renunció a su búsqueda de la fama y formó una familia, que le aportó más satisfacción que la angustiosa vida que llevaba antes. Ninguna carrera merece pagar el alto precio de la paz.

Quizá recuerdes el glamuroso programa de televisión *Who Wants to Marry a Multi-Millonaire* [¿Quién quiere casarse con un multimillonario?]. El programa estaba dedicado a mujeres jóvenes de ojos grandes que presentaban sus virtudes ante un atractivo soltero rico. Al final, éste elegía a una de las candidatas y se casaban en directo. Mucha publicidad. Índices de audiencia astronómicos. Se convertían en personas que saltaban a la fama y se hablaba todos los días de ellas. El matrimonio duraba sólo unas semanas. ¿Ostentación? Mucha. ¿Sustancia? Ninguna. ¿Marco grande? El más grande. ¿Cuadro? Tan frágil que se deshacía al menor roce.

Dos cuadros, dos marcos. Marco grande, cuadro pequeño. Cuadro grande, marco pequeño. Los marcos son útiles si mejoran la belleza del objeto que realzan. El objeto eres tú. El marco es el mundo. No pierdas de vista el orden.

Ahora realmente feliz

Se te ofrece un tesoro en cada momento. Pero sólo lo recibirás si miras en el sitio correcto. Cuando mires el cuadro en vez del marco, verás la obra maestra. Aunque no hayas visto los regalos que te ofrecían, éstos se han mantenido intactos, esperando tu reconocimiento y aceptación. El *Curso* nos dice: «Mis arcas están llenas, y los ángeles vigilan sus puertas abiertas para que ni un solo regalo se pierda, y sólo se puedan añadir más» (L-316.1:4).

> El instante santo es [...] también un cuadro, montado en un marco. Mas si aceptas este regalo no verás el marco en absoluto, ya que el regalo sólo puede ser aceptado cuando estás dispuesto a poner toda tu atención en el cuadro.
>
> T-17.IV.11:1-3

Louise Hay me invitó a comer y me recogió en su flamante Rolls-Royce dorado. El vehículo era una oda en sí mismo. Cuando el fabricante instala el elegante reborde de madera en el interior de uno de sus coches, guarda la referencia del árbol exacto del que fue extraída la madera. De modo que si alguna vez has de sustituir un trozo de él, coincidirá exactamente con el original. Una parte de mí estaba realmente impresionada con semejante atención a los detalles. Otra, sin embargo, se preguntaba si el árbol no hubiera hecho un mejor servicio a este planeta permaneciendo en el bosque y dejando que anidaran los pájaros en él. La última vez que vi a Louise había cambiado su Rolls-Royce por un Smart.

Tom Shadyac es uno de los mejores directores de Hollywood, que alcanzó la fama gracias a sus grandes éxitos *Ace Ventura, un detective diferente, El profesor chiflado* y *Como Dios*. Tom vivía en una gran mansión valorada en millones de dólares y gozaba de la opulencia típica de las grandes estrellas. Pero todo cambió cuando tuvo un accidente de bicicleta, se golpeó la cabeza y se quedó casi discapacitado. Entonces se replanteó sus prioridades y decidió concentrarse más en la felicidad que en las cosas. Dirigió un inspirador documental titulado *I Am* [Yo soy], y fue el productor ejecutivo de la segunda parte, *Happy* [Feliz]; en ambas concedía más importancia al cuadro que a los marcos. Al final de *I Am* lo vemos a él saliendo de su casa móvil en un parque para caravanas (por la que cambió el gran imperio que había tenido antes) y dirigiéndose al estudio en bicicleta. Ahora tiene éxito *y* es feliz.

UCDM no nos pide que tiremos el marco. Éste tiene su propósito. Basta con que mantengas el marco al servicio del cuadro. Mantén tu cuerpo fuerte, sano y haz que se sienta bien, no por el propio cuerpo, sino para que pueda realizar cosas que te eleven y ennoblezcan a ti y a las personas que se crucen en tu vida. Disfruta de tu coche, pero no lo adores. Deja que el sexo sea una forma de expresar el amor y el cariño. Vive en una casa que te haga feliz pero que no te esclavice. Las cosas existen para ti, pero tú no existes para ellas. Utiliza todo lo que tienes al servicio del Espíritu y el Poder Superior se encargará del resto.

Los excesos y la autonegación

La otra cara de la moneda de cometer excesos con el cuerpo y codiciar cosas es la *negación* de ambas cosas. El cuerpo y las cosas no son el mal y no es necesario castigarlos o rebajarlos. Luchar o combatir contra algo es una forma de adorarlo. Cuando te pasas el tiempo privando a tu cuerpo de cosas, le estás concediendo la misma atención que si lo estuvieras atiborrando. Las personas que se flagelan física o emocionalmente están tan obsesionadas por el marco como las que se exceden haciendo lo contrario. En ambos casos, el marco es el objeto de la atención, en lugar del cuadro. Un marco está cargado de exceso sensorial, mientras que el otro tiene carencia sensorial. Pero todo gira en torno al marco.

Buda iba por el camino de los excesos cuando era Gautama, un príncipe que vivía en un lujoso palacio. Luego renunció a sus riquezas y se convirtió en asceta, pasó años ayunando y mortificando su cuerpo. Al final, una mujer se compadeció de él y le dio un bol de arroz. En el momento que aceptó, se convirtió en el Buda iluminado. Descubrió lo que denominó «el sendero intermedio». Dejó de concentrarse en el cuerpo y se concentró en el espíritu. Lo único que consigues declarándole la guerra a tu cuerpo es glorificarlo. «*No luches contra ti mismo*» (T-30.I.1:7). Vapulearte física o emocionalmente debilita el amor en el mundo. Tratarte con amabilidad, dignidad y respeto aporta más luz a la humanidad. Lo único que merece la pena preguntarnos sobre cualquier cosa que vayamos a hacer es: «¿Aporta esto más dicha al mundo o la disminuye?» Aquí tienes la guía más sencilla y eficaz para tomar cualquier decisión en la vida.

> Los milagros despiertan nuevamente la conciencia de que el espíritu, no el cuerpo, es el altar de la verdad. Este reconocimiento es lo que le confiere al milagro su poder curativo.

> T-1.I.20:1-2

Estilos de vida de los ricos de espíritu

John Robbins heredó el imperio de los helados Baskin-Robbins. Heredó una fortuna y consiguió seguridad económica para el resto de su vida. Cuando era joven investigó el efecto de la industria láctea en la salud de los seres humanos y en el planeta y llegó a la conclusión de que sus consecuencias eran más nocivas que saludables. Rechazó sus derechos como sucesor y escribió un libro que se ha convertido en un hito y que fue nominado para el Premio Pulitzer, *Dieta para una nueva América*.

Un día John y su esposa, Deo, recibieron una llamada telefónica del productor de la serie televisiva *Lifestyles of the Rich and Famous* [Estilos de vida de los ricos y famosos], para pedirles si podían ir a entrevistarles a su casa. El productor pensó que sería una buena novedad entrevistar a la familia Robbins y mostrar el estilo de vida alternativo que había elegido. El equipo fue a la humilde casa de los Robbins en las colinas colindantes a Santa Cruz, California, donde fueron recibidos con gran hospitalidad y comida casera. Al terminar el rodaje, el equipo no quería marcharse. La familia les transmitió energía y frescura, justo lo contrario a lo que estaban acostumbrados cuando entrevistaban a personas cuyas vidas giraban en torno a sus casas y sus posesiones. John tuvo una ocurrencia y les dijo que alguien podría producir un nuevo programa denominado: *Estilos de vida de los ricos de espíritu*.

Una de mis clientas es la hija de una de las familias más acaudaladas de Norteamérica. No le gustan las reuniones familiares porque su familia sólo sabe hablar de lo que hace con el dinero. Dirigen la familia como si fueran un equipo de directivos. Cuando pillaron a unos cuantos adolescentes de la familia fumando marihuana, sometieron a votación si debían permitírselo. No sé cuál fue el resultado de la votación. Supongo que los jóvenes siguen fumando en alguna parte. No puedes crear una legislación para la conciencia superior. Sólo puedes vivirla.

Mi amigo Raymond también es muy rico. Le gusta utilizar su dinero para remontar empresas que se están hundiendo. «Canalizo el dinero», nos dice. Raymond financió el negocio que su esposa tenía de venta por correo para hacer llegar al mundo productos relacionados con UCDM. El dinero que obtienen lo utilizan para buenos fines. El dinero es el marco, no el cuadro. Y en estos casos, ¡qué hermosos son los cuadros que enmarcan!

Sede central corporativa

La palabra *corporación* está relacionada con la palabra *corpórea* y otras palabras derivadas de la palabra latina *corpus,* que significa «cuerpo». Una corporación no es más que un cuerpo grande. Si deseas entender la dinámica de un cuerpo grande mientras es proyectada en una pantalla más grande, observa a las corporaciones. Las entidades corporativas, como las personas, pueden enmarcar la imagen de un servicio o pueden convertirse en metas en sí mismas. Muchas instituciones empiezan con buenas intenciones de mejorar el planeta, pero luego se dejan tentar por el dinero, el poder y el ego, y se alejan de las metas para las que fueron creadas. Entonces, el marco sustituye al cuadro, el narcisismo reemplaza a la visión, y el autovanagloriarse ocupa el puesto de mejorar las vidas de sus clientes. Cuando la institución se vuelve estéril y superficial, las personas que trabajan en ella odian su trabajo, los servicios empeoran, la compañía ya no se basa en la integridad y no puede proseguir. La verdad nutre, las ilusiones matan. «Nada puede estar separado de Él y vivir» (L-156.2:9).

Mi amiga Gillian era ministra de una iglesia con mucho espíritu que fue haciéndose cada vez más popular y acabó comprando un edificio para el que se requería una hipoteca muy alta. Durante la campaña de recolecta de fondos para la compra, varios donantes hicieron sustanciosas aportaciones y solicitaron estar en la junta directiva. Gillian sentía que tenía una deuda con estos donantes y los integró en ella. Entonces, estas personas empezaron a dirigir la iglesia de manera que pusieron en entredicho la integridad de la misma. Dentro de la junta se produjeron varias luchas internas por el poder que salpicaron a la congregación. La iglesia que había sido creada para acercar a la gente al cielo, se convirtió en un infierno. Cuando las cosas llegaron a ese extremo, ella la abandonó para dejarla en manos de quienes la habían conducido a ese estado. Después de eso no tardó en desintegrarse, pues había perdido el espíritu que la concibió.

El universo favorece a lo que procede del Espíritu y desintegra lo que procede del ego. Los egos pueden tomar las riendas durante un tiempo, pero al final sus esfuerzos fracasan. Por poderoso que pareciera ser Hitler durante un breve período, la verdad no apoyó al mal. Si tus empresas se basan en valores que apoyan la vida, medrarán. Si carecen de fuerza vital, morirán.

Hace varias décadas una nueva aerolínea con sede en la Costa Este prosperó a un ritmo extraordinario. En unos pocos años la compañía pasó a ocupar la mayor parte del aeropuerto de Newark y tenía vuelos a muchas ciudades del mundo. Los asistentes de vuelo decían a los pasajeros: «Están volando con la aerolínea que experimenta el crecimiento más rápido en la historia de Estados Unidos».

Un año después había desaparecido. La compañía no tenía unos cimientos sólidos y había intentado lograr demasiado en muy poco tiempo. Estaba más interesada en expandirse que en el servicio que estaba prestando, en hacerse visible más que en ganarse una buena reputación. Lo único que realmente necesitas en tu vida es estar en sintonía con los principios universales.

Lo que verdaderamente importa

Después de que a Steve Jobs le diagnosticaran un cáncer, dio un discurso en una ceremonia de graduación de la Universidad de Stanford. «Probablemente, la muerte sea el mejor invento de la vida», afirmó.

Esta aparentemente curiosa afirmación tiene un sentido muy profundo. *Un Curso de Milagros* nos dice repetidas veces que la muerte no es real. Sólo hay vida; la muerte existe únicamente en el plano superficial de las formas y aspectos. La muerte es la forma que tiene el universo de limpiar lo que ya ha cumplido con su propósito, para dejar vía libre al siguiente acto de propósito. Cuando el cuerpo ha cumplido con su misión, se dejará a un lado (L-294.1:7). La muerte hace que confrontemos la mortalidad del cuerpo y que indaguemos más a fondo quiénes somos realmente y para qué hemos venido. Hace que nos planteemos: «¿Soy el cuadro o soy el marco? ¿Soy el cuerpo o soy Espíritu?» Muchas lecciones de UCDM responden emotivamente a esta pregunta: «No soy un cuerpo. Soy libre. Pues aún soy tal como Dios me creó» (L, Lección 201) y «La muerte no existe. El Hijo de Dios es libre» (L, Lección 163).

Volviendo al discurso de Steve Jobs en la Universidad de Stanford, también dijo:

> Recordar que pronto moriré es la herramienta más importante que he encontrado para ayudarme a tomar grandes decisiones en la vida. Porque casi todo —todas las expectativas externas, todo el orgullo, todo el miedo al ridículo o al fracaso—, todo eso se desvanece ante la proximidad de la muerte, dejando sólo lo que realmente importa. Recordar que vas a morir es la mejor forma que conozco de evitar caer en la trampa de pensar que tienes algo que perder. Ya estás desnudo. No hay razón alguna para no seguir a tu corazón.

No es necesario estar a las puertas de la muerte para ver el propósito de nuestra vida y activar nuestra intención espiritual. Basta con que recordemos lo que es importante —el cuadro en lugar del marco— en nuestras actividades diarias.

La película *Una cuestión de tiempo* describe el viaje de un hombre que puede retroceder en el tiempo y cambiar los acontecimientos que marcaron su destino. Tras experimentar con algunos cambios que él creía que mejorarían notablemente su vida, al final decide dejarlo todo como está. «Que todas las cosas sean exactamente como son» (L, Lección 268). El director Richard Curtis dijo de su película: «Me pareció fascinante hacer una película en la que el momento álgido es la decisión de un hombre de vivir una vida ordinaria». Esa elección hace que cada día sea extraordinario.

> ¿Quién colgaría un marco vacío en la pared y se pararía delante de él contemplándolo con la más profunda reverencia, como si de una obra maestra se tratase? Mas si ves a tu hermano como un cuerpo, eso es lo que estás haciendo. La obra maestra que Dios ha situado dentro de este marco es lo único que se puede ver [...] Mas lo que Dios ha creado no necesita marco [...] Él te ofrece Su obra maestra para que la veas.
>
> T-25.II.5:1-6

¿Es cristiano *Un Curso de Milagros*?

Podría parecer que *Un Curso de Milagros* es un texto de tradición cristiana, teniendo en cuenta las múltiples referencias que hace a Cristo, el Espíritu Santo, la crucifixión, la resurrección, la salvación y la redención. Al estar escrito en nombre de Jesucristo, podría darse por hecho que UCDM es una obra cristiana.

Sin embargo, *Un Curso de Milagros* es mucho más de lo que puede abarcar una sola religión, incluida la cristiana. El *Curso* pertenece a todas las religiones y a ninguna en particular.

Tras un examen más detallado, la filosofía de *Un Curso de Milagros* es en cierta manera más afín al vedanta advaita y al budismo, que al cristianismo tal como lo conocemos. *Advaita* significa «no dualismo», que afirma la unidad de la vida en vez de fragmentar a Dios en pedacitos, como hacemos cuando miramos a nuestro alrededor y observamos muchas formas aparentemente separadas entre ellas y de Dios. El gran exponente del vedanta advaita de la era moderna fue el sabio iluminado Ramana Maharshi, que vivió entre 1879 y 1950.

Sus enseñanzas son sorprendentemente idénticas a la de *Un Curso de Milagros*:

Lo real siempre es como es.
Lo único que debemos hacer es dejar de ver lo real como si fuera irreal.
El mundo no existe en el sueño y forma una proyección de tu mente en el estado de vigilia. Por consiguiente, es una idea y nada más que eso.
Tu verdadera naturaleza es el espíritu infinito.

De *The Essential Teachings of Ramana Maharshi:
A Visual Journey*, de Matthew Greenblatt

La verdad es la verdad la diga quien la diga. *Un Curso de Milagros* incluye los mejores elementos del cristianismo, junto con temas que han tratado profetas, sanadores y sabios de todas las religiones, así como personas que enseñan el camino hacia el despertar fuera del contexto religioso.

El *Curso* surgió en un entorno predominantemente cristiano. El autor eligió comunicarse en un lenguaje religioso que resultara familiar a la mayoría de las personas. Hay una antigua enseñanza hebrea que dice: «La Biblia está escrita en el lenguaje de la gente», lo que da a entender que Dios se comunica con nosotros de forma que podamos entenderle.

Pero esa terminología cristiana tiene un propósito aún más profundo: el *Curso* es una corrección de aquello en lo que se ha convertido el cristianismo. Aunque Jesús transmitió puramente un mensaje de sanación, la religión que floreció en su nombre ha estado muchas veces dominada por el miedo, la culpa, las amenazas, los castigos y los asesinatos en masa. Se han cometido innumerables atrocidades en nombre de Cristo, el miedo al infierno hace temblar a almas inocentes, y la incitación al sacrificio ha ocupado el puesto de la alegría y la pasión. Jesús dictó *Un Curso de Milagros* para que la cristiandad volviera a su verdadero camino de curación.

El mensaje de UCDM es para todas las personas que estén abiertas a aceptarlo y a vivir de acuerdo con él, para los cristianos y para personas de otras religiones, así como para los que no profesan ninguna. Hay muchos cristianos que aceptan *Un Curso de Milagros* como una afirmación y una expresión más profunda de su fe. Algunos lo rechazan por considerarlo obra del diablo. Se sienten amenazados por el *Curso*, puesto que no encaja dentro de los confines de su sistema de creencias. Ese sentimiento de peligro y de estar a la defensiva está fomentado por el miedo, la experiencia que el *Curso* pretende contrarrestar.

Un Curso de Milagros reconoce y celebra a Dios en todas las personas, sea cual sea su fe. Hay muchos cristianos, judíos, musulmanes, hinduistas y budistas que estudian el *Curso*, así como personas que no pertenecen a ninguna religión. UCDM no es para todos, pero no está en contra de nadie. El *Curso* no pide a sus estudiantes que evangelicen, hagan proselitismo o aparten a nadie del camino que esa persona haya elegido. Sencillamente nos pide, a todos y cada uno de nosotros, que seamos la luz del mundo.

9
El final del sufrimiento

Cuando la maestra sanadora Patricia Sun dio una conferencia en la ciudad de Nueva York, explicó que la clave para la curación personal y planetaria es amar a las personas y las situaciones que considerábamos detestables. Una mujer judía que estaba entre el público le dijo: «No puedo amar a todo el mundo… Jamás, jamás, jamás amaré a Adolf Hitler».

—Voy a plantearle una situación —le dijo Patricia—. Imagine que conociera personalmente a Adolf Hitler de pequeño. Era hijo de un padre alcohólico y de una madre con trastornos mentales. El niño estuvo bajo terribles influencias disfuncionales que pusieron en marcha la dinámica para que él llegara a perpetrar los abominables actos que cometió. Ahora imagine que pasa usted un tiempo con ese niño, durante el cual puede transmitirle sinceramente su amor y minimizar o compensar la oscura influencia que sus padres ejercían sobre él. Imagine que el amor que le diera usted hubiera alimentado su alma de tal modo que, al hacerse mayor, hubiera tomado otras decisiones y no hubiera cometido los crímenes contra la humanidad que cometió. Si se le hubiera dado esa oportunidad, ¿amaría a ese niño?

La mujer se quedó en silencio.

—Sin duda —respondió por fin.

Al final del programa una anciana bajita se acercó a Patricia para agradecerle su seminario. Cuando se estiró para abrazarla, se le subió la manga del vestido dejando al descubierto unos números tatuados en el antebrazo que indicaban su pasado como prisionera de los nazis en un campo de concentración.

—Todo lo que ha dicho usted es cierto —le dijo a Patricia.

Esas palabras, proviniendo de una superviviente del Holocausto, son mucho más potentes que si las hubiera pronunciado alguien que hubiera pasado menos dificultades. Si una mujer que había pasado por semejantes horrores podía reconocer el poder del amor para curar, tú y yo, sin duda, también seremos capaces de ofrecer nuestra magnanimidad de corazón cuando nos enfrentemos a los retos de nuestras vidas cotidianas.

Adolf Hitler no asesinó personalmente a millones de personas y asoló el mundo en una oleada sin precedentes de horror y destrucción. Dieciséis millones de soldados participaron en hacer el trabajo sucio, mientras más de cincuenta millones de alemanes lo consentían. Si miras las secuencias de miles de soldados alemanes desfilando ante Hitler con los brazos alzados en el aire mientras marcaban su paso de la oca, es evidente que estaban totalmente hipnotizados por una energía oscura y diabólica. El problema no fue que un hombre estuviera demente. El problema fue que toda una nación le siguió.

La forma de prevenir futuros Hitler no es dejar que el miedo, el odio y una obsesión se apoderen de nosotros, como les pasó a los alemanes. Por eso es tan importante la principal afirmación de UCDM de que tu principal responsabilidad como hacedor de milagros es permitir la curación de tu mente (T-2.V.5). Cuando te niegas a ser presa del miedo, reduces la habilidad que tienen las ilusiones demenciales de gobernar tu vida y contaminar las vidas de los demás. Cuando eliminas tu Hitler interno de tu conciencia, tratándolo con amor, reduces el miedo del cuerpo de la humanidad y dejas de padecer las consecuencias de que se descontrole.

Donde tropieza el ego

Un Curso de Milagros apunta al ego como el origen del sufrimiento humano. Vamos a aclarar qué es el ego, cómo funciona, el efecto que tiene sobre tu vida y cómo puedes hacer que trabaje a tu favor, en vez de dejar que arruine tu felicidad.

El ego es una idea muy limitada respecto a quién eres y qué eres. Te define sólo como un cuerpo, confinado dentro de los límites de tu carne, sujeto a todas las leyes y experiencias que afectan a los cuerpos. Como cuerpo, eres débil y vulnerable en medio de un universo lleno de amenazas de agentes mucho más poderosos que tú. Enfermedades, ataques al corazón, accidentes de coche, accidentes aéreos, francotiradores locos, terremotos, tsunamis y guerras nucleares pueden acabar con tu existencia en cuestión de segundos. El mundo es un lugar peligroso donde debes protegerte y defenderte a todas horas. A veces incluso has de atacar antes de ser atacado. Si quieres ver y oír toda una letanía de las cosas malas que les pueden pasar a los cuerpos, pon las noticias de la noche.

Hubo un tiempo en que no eras ni un cuerpo ni un ego. Eras un poderoso ser espiritual unido a Dios y a todo el universo. Sabías quién eras y disfrutabas de todos los beneficios como ser divino. Hasta que llegó un momento en que dejaste de considerarte espíritu y empezaste a considerarte un cuerpo. Eso tuvo lugar en el útero materno, en el momento de tu nacimiento o poco después. Sufriste un cambio de identidad crucial. No dejaste de ser un ser espiritual; dejaste de *conocerte a ti mismo* como ser espiritual. Has visto películas en las que la cámara cambia de plano y pasa de enfocar al actor que está en primer plano a enfocar al que está al fondo. El actor que está en primer plano resulta casi imperceptible y el que está al fondo se ve con nitidez y asume el protagonismo de la escena. Esto es lo que te ha sucedido a ti. Tu identidad como espíritu ha quedado difuminada y se ha superpuesto tu identidad como cuerpo. En ese momento te «convertiste» en un cuerpo. No has cambiado realmente tu Ser, puesto que tu naturaleza espiritual no puede ser alterada. Pero sí puedes empezar a considerarte un cuerpo, y sólo un cuerpo. Bienvenido al planeta Tierra.

Te «convertiste» en un cuerpo, redujiste tu mundo al que te revelaban tus cinco sentidos, a una minúscula rebanada de la inmensa gama de percepción que está a tu alcance. Adoptaste toda la separación, miedo y dificultades que experimentan los cuerpos y te solidarizaste con otros miles de millones de almas que creen que sólo son el cuerpo. Te encontraste en una versión de la vida real del programa *Supervivientes*, y te pasas la vida intentando evitar que te expulsen de la isla.

Ese momento trascendental de inmersión en la ilusión es lo que se ha denominado «pecado original», el cambio de estado de conciencia que hizo que tu condición humana perdiera el estado de gracia y asumiera la miseria del mundo. Pero, de hecho, no fue un pecado, y en realidad nunca hubo tal pérdida. Sólo soñamos que sucedió. El pecado original fue sólo un error de percepción.

Los defensores de la doctrina del pecado original han fraguado una inmensa y horrorosa serie de cuentos fantásticos sobre el castigo que merecemos por el mero hecho de haber venido a este mundo. No hay ni una palabra cierta en todos ellos. El pecado exige castigo, pero el error simplemente requiere corrección. Si tu hijo ha tenido una pesadilla en la que soñaba que era un asesino o que le asesinaban, no le reñirás cuando se despierte aterrorizado. Le abrazarás, le consolarás y le explicarás que no ha sido más que un sueño y que está a salvo. Esto es justamente lo que *Un Curso de Milagros* transmite a la humanidad. La cura para el sueño del pecado no es apretar las tuercas del miedo que hacen que el sueño parezca tan real. La cura para el sueño del pecado es despertar.

El primer cambio de percepción se produjo hace mucho tiempo, pero se reproduce todos los días. Cuando te vas a dormir por la noche, tu alma vuelve a reunirse con Dios, y te renuevas como el ser inocente y divino que eres. En el sueño profundo estás en paz. Luego, cuando abres los ojos, vuelves a retomar la identidad de que eres un cuerpo. Recuerdas tus achaques, las facturas que has de pagar, el trabajo al que te gustaría no tener que ir, la reparación que necesita tu coche, el montón de correos electrónicos de tu bandeja de entrada, tus frustraciones con tu relación, las personas desagradables con las que has de tratar y todos los temas que implica ser un cuerpo o un ego. Así que, en realidad, no estás despertando. Te estás yendo a dormir. Estabas más despierto cuando dormías y gozabas de la paz del sueño profundo. Cuando te parece que estás despierto en realidad estás durmiendo; lo que te parece que es amor es en realidad odio; lo que te parece que es vida, en realidad se parece más a la muerte.

Nuestro nacimiento no es más que un sueño y un olvido:
El alma que amanece con nosotros, nuestra Estrella de la vida,
ha tenido en otra parte su puesta,
y vino de lejos.
Ni en olvido total,
ni en completa desnudez,
sino dejando una estela de nubes de gloria venimos de Dios,
que es nuestro hogar.
¡El cielo nos envuelve en nuestra infancia!
Las persianas de la casa-prisión empiezan a cerrarse,
cuando el niño crece,
pero éste contempla la luz, y de dónde fluye,
la ve en su júbilo...

WILLIAM WORDSWORTH,
Oda: Atisbos de la inmortalidad,
en los recuerdos de la primera infancia

Todos los días vuelves a escenificar el cambio desde la unidad a la separación. Pero también puedes representar el cambio desde la separación a la unidad. Puedes utilizar tu tiempo para deshacerte de la terrible carga del pecado original y reclamar tu inocencia original. No hay ninguna otra razón para que estés aquí.

Tú no has perdido tu inocencia [...] Ésa es la voz que oyes y la llamada que no se puede ignorar [...] Y ahora el camino está libre y despejado, y el final de la jornada puede por fin vislumbrarse. Permanece muy quedo por un instante, regresa a tu hogar junto con Él y goza de paz [...]

Extracto de L-182.12:1-9

Comida, sexo y territorio

Una vez oí un relato de una persona que había tenido una experiencia cercana a la muerte. Con convincente autoridad narró cómo había trascendido el cuerpo y entrado en un reino celestial, donde estaba inmerso en pura beatitud. Durante un rato estuvo rodeado de luz dorada. «Luego volvió a ser engullido por la alcantarilla», según sus propias palabras, refiriéndose a que había regresado al mundo dominado por los órganos de los sentidos. «La alcantarilla» es una descripción muy gráfica del mundo, pero por lo general bastante adecuada, no porque ésa sea la naturaleza del mundo, sino por lo que hemos hecho de él. Cuando has vislumbrado el cielo, la Tierra tal como la conoces pierde su atractivo. Casi todas las personas que han tenido una experiencia cercana a la muerte dicen que ya no temen morir. Se dan cuenta de que en realidad no pueden hacerlo. La muerte no es algo a lo que debamos temer, sino una liberación bendita. La Tierra bajo el consejo del ego es un lugar mucho más temible.

Cuando sólo nos identificamos con el cuerpo, los atributos animales son los que predominan y el mundo se convierte en una jungla. Vi un documental sobre la naturaleza en el que el narrador explicaba: «La vida en el mundo salvaje se basa en la comida, el sexo y el territorio». Cuando compartí esta descripción en un seminario, una mujer que estaba entre los asistentes dijo: «Bueno, no ha habido muchos cambios». En el peor de los casos, actuamos como animales salvajes. Competimos por la comida, estamos bajo el efecto de las hormonas, nos peleamos por nuestro territorio y actuamos con una mentalidad de supervivencia.

Sin embargo, somos más que nuestros cuerpos, y somos más para el mundo que nuestras tendencias salvajes. *Un Curso de Milagros* y todas las enseñanzas espirituales que valen la pena intentan sacarnos de la espesa y tenebrosa jungla que la mayoría de las personas consideran real. El verdadero Ser se eleva muy por encima de la comida, el sexo y el territorio. En el fondo todos somos amor. Todos los actos de amabilidad, arte y creatividad surgen de nuestra santidad inherente. El mundo se ennoblece cuando permitimos que brille nuestro yo divino.

El doctor Larry Dossey describe en su brillante libro *One Mind* el momento en que Wesley Autrey, de cincuenta años, se encuentra en el andén de una parada del metro del Bronx y ve cómo a un joven le entra un ataque de epilepsia y cae al punto de la vía a la que el tren está a punto de llegar. Autrey, dejando perplejos a los presentes, saltó a la vía, cubrió el cuerpo del hombre y lo empujó hacia el espacio que queda entre las dos vías, mientras el tren se precipitaba sobre ellos. Milagrosamente, cuando el tren partió, ambos estaban a salvo e ilesos. La carrocería de los vagones pasó tan cerca de la cabeza de Autrey que su gorra de punto quedó llena de manchas de grasa. Las personas que creen que sólo son el cuerpo no saltan a las vías del metro para salvar la vida a un desconocido. Sólo alguien convencido de su naturaleza como espíritu inmortal realizará semejante acto de altruismo.

Cuando vives como si fueras un alma eterna e invulnerable, subes el listón de la humanidad. Transformas el mundo para que refleje la dignidad para la que fue creado. No es necesario que te tires a las vías del metro o que te conviertas en un héroe. Tus obligaciones son la parte del mundo que está a tu alcance. Todos los actos de compasión te acercan al cielo.

> El cuerpo es el medio a través del cual el Hijo de Dios recobra la cordura. Aunque el cuerpo fue concebido para condenarlo al infierno para siempre, el objetivo del Cielo ha sustituido a la búsqueda del infierno. El Hijo de Dios busca la mano de su hermano para ayudarlo a marchar por la misma senda que él. Ahora el cuerpo es santo.
>
> L-260.5.4:1-4

El uso que hace el Espíritu Santo del ego

A estas alturas supongo que ya te habrás dado cuenta de que hacer caso a tu ego no te ha aportado ni te aportará la felicidad que buscas. Tal vez hayas intentado sinceramente trascender tu ego, pero éste no se resigna a irse por voluntad propia ni lo acepta. Tus hijos todavía hacen que te subas por las paredes, te preocupa perder tu empleo y hay personas en tu vida a las que desearías mandar a Marte en un viaje sin retorno. A pesar de los años que llevas viendo a Oprah, comiendo alimentos saludables exóticos, leyendo libros de autoayuda con un montón de listas de consejos, desnudando tu alma en terapia, asistiendo a costosos seminarios, retorciendo tu cuerpo para hacer extrañas posturas de yoga, meditar encima de los vórtices energéticos de Sedona y sentándote a los pies de distintos gurús, todavía adjudicas groseros calificativos a quien se atreva a quitarte la plaza donde te disponías a aparcar. ¿Existe alguna esperanza de recuperar la paz mental?

Sí, existe. Aunque el ego esté en guerra contra el Espíritu, este último le da al primero un uso positivo. El instrumento favorito del ego es el intelecto, que corta la realidad en rodajas irreconocibles. Los yoguis dicen: «La mente es el verdugo de la realidad». Sin embargo, la mente puede pasar de ser un instrumento de destrucción a uno de curación. Puede crear bombas que matan más deprisa o desarrollar rayos láser que curan con más rapidez a las personas. Cuando se utiliza el intelecto para servir al Espíritu, éste encuentra la forma de liberarnos del sufrimiento, en lugar de aumentarlo. El doctor Larry Brilliant, Ram Dass, Steve Jobs y otros iniciaron un proyecto para operar de cataratas a personas de países subdesarrollados. Este programa (seva.org) ha salvado la vista a más de tres millones de personas. Es un ejemplo de implicar al intelecto como vehículo para la expresión del amor.

Para dominar tu ego, proponle proyectos que te eleven a ti y a los demás. Ponlo a trabajar para contribuir a la humanidad en lugar de restarle. Vi un grafiti que decía: «MATA A TU EGO». No te precipites. Ese consejo da por hecho que el ego es malo y que has de acabar con él; es una idea que procede directamente de él. En vez de matar al ego, contrólalo y mantenlo en el lugar que le corresponde. El ego es un amo despiadado, pero un sirviente excelente. Piensa en el ego como si fuera un niño asustado a quien se le ha encomendado una tarea mayor de la que es capaz de llevar a cabo. No está preparado para tomar grandes decisiones o servirte de guía. Ésa es la función del Espíritu

Santo, esa parte de tu mente que permanece conectada con la sabiduría superior, mientras vives en el mundo de la separación. Ocupa a tu ego en realizar todas las cosas que has decidido hacer en el plano del Espíritu. Sólo entonces todas las partes de ti estarán haciendo lo que se supone que debes hacer y todo se hará.

No esperes a que muera tu ego para contribuir al fin del sufrimiento. Algunas de las personas que han cambiado significativamente el mundo, tienen tales egos que a su lado Godzilla parecería un enano. Sin embargo, han aprovechado el poder del ego para facilitar la vida a los demás. Convierte al ego en un hacedor de milagros. No podrá hacerlos por sí mismo, pero el Espíritu Santo podrá hacerlos a través de él. Entonces el miedo dejará de oprimirte y estarás en paz.

¿Cuál es tu CE?

El mundo te considera inteligente si eres capaz de manipular tu entorno a favor de tu cuerpo. «¿Qué planes haces que de algún modo no sean para su [tu cuerpo] comodidad, protección o disfrute?» (T-18. VII.1:2). En los test para valorar el CI te preguntan qué casa es diferente de las otras de las que aparecen en el dibujo, cuál es el siguiente número en una secuencia y cómo un engranaje de un sistema mueve otros engranajes. Toda esta información está relacionada con tu habilidad para controlar el mundo físico. Son datos complicados y útiles, pero no difieren demasiado de los que necesita una rata para aprender a circular por un laberinto con el fin de encontrar el queso. (No es nada personal.)

Nunca has visto que en un test de CI se pregunte nada sobre ética, moral, virtud, servicio o curación. En esos test no se pregunta: «¿Qué persona es la que más ha contribuido a que tu vida valiera la pena?» «Si un sintecho te pide dinero, ¿cuál es la mejor forma de ayudarle?» «¿Qué le respondes a tu hijo o hija cuando te pregunta: "¿Adónde fue la abuela cuando murió?" o "¿Por qué papá y tú ya no vivís juntos?"» Tampoco te piden que expliques: «¿Cómo ha podido Dios crear un mundo donde los niños se mueren de hambre?»

Estas preguntas no aparecen porque los que escriben estos test para evaluar a los demás son personas que desean sobrevivir en un mundo de cuerpos. Ningún problema. No obstante, como ser espiritual tienes un propósito mucho más amplio que el de manipular tu entorno. Estás aquí para medrar como alma. Llegará el gran día en que entrenaremos a los niños para pasar los test de CE o cociente espiritual. Entonces estaremos enseñando la verdadera inteligencia que hará avanzar a la humanidad de la manera más importante.

> La santidad de mi Ser trasciende todos los pensamientos de santidad que pueda concebir ahora. Su refulgente y perfecta pureza es mucho más brillante que cualquier luz que jamás haya contemplado. Su amor es ilimitado, y su intensidad es tal que abarca dentro de sí todas las cosas en la calma de una queda certeza.
>
> L-252.1:1-3

La fórmula más sencilla y a la vez más profunda

«¿Cómo puedo contribuir al final del sufrimiento de la humanidad?» es la pregunta más importante que te puedes plantear. La respuesta a esa pregunta comienza con tu respuesta a la pregunta: «¿Cómo puedo poner fin a mi propio sufrimiento?» Si puedes encontrar la manera de dejar de sufrir, sabrás cómo ayudar a otras personas a dejar de sufrir. Hasta entonces, todos tus esfuerzos serán en vano.

Aquí tienes una fórmula para liberarte del sufrimiento que, aunque parece simplista, en realidad es muy profunda: *Deja de hacer lo que te hace sufrir y empieza a hacer lo que te va a curar.* El sufrimiento sólo persiste porque lo aceptas, incluso lo veneras. El sufrimiento es el resultado de la negación o resistencia a tu ser natural. Cuando vives desde tu naturaleza divina, el sufrimiento desaparece. Ya no ves el mundo como una jungla o como un lugar donde lo que está en juego es la supervivencia. No te mereces sufrir. Nadie se lo merece. Cuando esta verdad se instale en tu mente, llegarás al punto de inflexión de tu viaje espiritual y las expectativas lúgubres darán paso a una visión más amplia y brillante. Literalmente, entrarás en un mundo nuevo y vivirás, como prometió Thoreau, con «el permiso de seres pertenecientes a un orden superior».

> El mundo se convierte en un lugar de esperanza porque su único propósito es ser un lugar donde la esperanza de ser feliz pueda ser colmada. Y nadie está excluido de esta esperanza [...]
>
> T-30.V.2:7-8

10

El último viaje inútil

Un hombre excéntrico pero agradable de mi ciudad se ha propuesto, literalmente, cargar con la cruz. Hace años John talló un pequeño crucifijo de madera y desde entonces suele caminar por la autopista llevando esa cruz. Solía ponérsela al hombro mientras saludaba con la mano y mandaba besos a las personas que pasaban en coche por su lado. La gente del lugar le conoce y también le manda besos o toca la bocina para saludarle cuando pasan por su lado.

El año pasado John actualizó su penitencia y confeccionó una cruz mucho más grande con un tubo de PVC. Ahora necesita ambas manos para llevar la cruz. El problema con este nuevo formato es que tiene los brazos ocupados con la cruz y ya no puede saludar ni mandar besos con la mano. Personalmente, me sentí decepcionado al ver este cambio. Me caía mucho mejor cuando transmitía amor. Parecía mucho más feliz. Cuando tienes los brazos y los hombros ocupados cargando con una cruz, no puedes mandar el amor que podrías dar si los tuvieras libres. El sufrimiento autoimpuesto no es un regalo para el mundo. Te resta, en lugar de sumar, capacidad para amar.

Muchas religiones y sistemas de creencias aceptan el sufrimiento como una realidad ineludible e incluso lo ensalzan. Los cristianos cantan con romántico masoquismo que llevan la vieja y rugosa cruz.* Los hinduistas justifican la pobreza y la enfermedad como una consecuencia del karma. Y la respuesta a la pregunta: «¿Cuántas madres

---

* Alusión al himno *The Old Rugged Cross* [El Monte Calvario] en castellano. *(N. de la T.)*

judías se necesitan para cambiar una bombilla?» es: «Ninguna, pero no pasa nada; me quedaré aquí sentada en la oscuridad». Por alguna extraña razón, el sufrimiento se ha convertido en un paraguas para los oprimidos.

Un Curso de Milagros no ve ningún mérito en el sufrimiento. Dice que sufrir no es una virtud y que la miseria no es una vía de liberación. El Curso afirma sin tapujos que el camino de espinas no lo ha creado Dios y que el sufrimiento es opcional. Torturarnos a nosotros mismos o a los demás por alguna razón es una historia enfermiza de creación propia. Nada de eso es necesario.

La vida después del sacrificio

Muchas veces he reflexionado sobre la elección cristiana del crucifijo como símbolo para la cristiandad. Nos han dicho que Jesucristo vivió treinta y tres años. En los tres últimos años de su viaje por la tierra, impartió sus enseñanzas, ayudó a los demás y curó, también hizo milagros, redimió almas y transformó vidas. La luz que generó ha estado brillando durante dos milenios y sigue consolando el espíritu de quienes recurren a ella. Al final, le dieron muerte crucificándolo, le empalaron de un día para otro. Sin embargo, a pesar de todas sus curaciones, del poder que demostró tener y de las bendiciones que repartió, se conmemora su vida por la forma en que murió. Un amigo mío me dijo: «Si Jesucristo hubiera vivido en nuestros tiempos y hubiera corrido la misma suerte, durante los dos mil años siguientes sus devotos andarían por ahí con un colgante de una silla eléctrica en sus cuellos».

Por incómoda que pueda parecer esta imagen, es una buena reflexión sobre la veneración inapropiada que hacemos del sufrimiento que se ha infiltrado en una religión que se basa en las enseñanzas de un sanador. ¡Qué singular que conmemoremos el día de su muerte llamándolo «Viernes Santo»! La resurrección es mucho más importante. Cuánto mejoraría el modelo que nos aportaría Jesús si la primera imagen que visualizáramos de él fuera la de un hombre de rostro radiante con los brazos abiertos. Cuánta fuerza nos daría recordarle en vida y sano, en lugar de muerto. Entonces estaríamos dispuestos a dejar a un lado nuestras cruces y cumplir con el propósito que Jesús reivindicó para sí mismo y que deseó para todos: «Yo he venido para que tengan vida, y la tengan en abundancia» (Juan 10:10).

> El mensaje de la crucifixión es inequívoco: *Enseña solamente amor, pues eso es lo que eres.* Si interpretas la crucifixión de cualquier otra forma, la estarás usando como un arma de ataque en vez de como la llamada a la paz para la que se concibió.
>
> T-6.I.13:1-2, T-6.I.14:1

Iluminación indirecta

Vi una película en la que Jesús regresaba al mundo como un hombre moderno. Cada vez que realizaba una sanación, en la imagen se le veía haciendo un gesto de dolor o llevándose la mano a una parte de su cuerpo que, de pronto, se veía afectada por algo; el mensaje implícito era que él sacrificaba su bienestar para poder curar. La idea que estaba transmitiendo era que curar perjudica al sanador y que el servicio implica sufrimiento; para que el paciente ganara, Jesús tenía que perder. *Nada más lejos de la verdad.* Era evidente que los productores de la película desconocían por completo el proceso de la verdadera sanación y le hicieron un flaco favor a Jesús con esta representación. Jesús no sufría cada vez que curaba a alguien. Todo lo contrario, esas personas lograron el mismo bienestar del que gozaba él. En una verdadera sanación, el sanador no pierde nada y ambos se benefician. «[Los milagros] Brindan más amor tanto al que da como *al* que recibe» (T-1.I.9:3).

El término teológico para eliminar el sufrimiento de los demás a costa del tuyo propio es «expiación indirecta». Este concepto es una fantasía de la humanidad, no la verdad de Dios. No puedes estar lo suficientemente triste para hacer feliz a otro. No puedes ser lo suficientemente pobre para enriquecer a otro. No puedes enfermar lo suficiente para sanar a otro. No puedes sufrir lo suficiente para que otro esté en paz. Tu sufrimiento no puede conseguir la paz para otra persona. Tu alegría y tu estado de bienestar le ayudarán mucho más.

La *iluminación indirecta* es un modelo de curación que se acerca mucho más a la verdad que la expiación indirecta. Sigue habiendo un fallo en la premisa, porque no puedes hacer algo por otra persona que sólo ella puede hacer para sí misma. Pero la idea de que tu felicidad puede ayudar más a otra persona que tu sufrimiento es una herramienta mucho más práctica que la de que tu pérdida sirva para que otra persona gane. Cuando uno de nosotros pierde, todos perdemos. Cuando uno gana, todos ganamos. «Cuando me curo no soy el único que se cura» (L, Lección 137). Por esta razón tu contribución más valiosa a la humanidad es tu felicidad. El sufrimiento es una vieja y pesada historia. Una vez que has pasado por ello, no necesitas más, ya te has comprado la camiseta de recuerdo.

Los verdaderos sanadores no sufren con o por sus pacientes. Por el contrario, les invitan a que se eleven con ellos. Cuando acercas una vela encendida al pábilo de una vela apagada, la llama original no disminuye, todo lo contrario, aumenta su tamaño. Los padres no se debilitan por sus descendientes. La luz no se reduce por brillar. Tu felicidad no puede acabar con la felicidad de otro, como tu tristeza no puede aportarle alegría. Estar destrozado no es el camino hacia la integridad. Sólo la integridad te llevará hacia ella.

Comentarios de Jesús sobre la crucifixión

En *Un Curso de Milagros*, Jesús hace muchas referencias a acontecimientos de su vida según están narrados en el Nuevo Testamento. Nos ofrece nuevos contextos liberadores para momentos que tradicionalmente hemos interpretado de una manera dramática. Esto es lo que dice sobre su crucifixión.

> El viaje a la cruz debería ser el último «viaje inútil». No sigas pensando en él, sino dalo por terminado. Si puedes aceptarlo como tu último viaje inútil, serás libre también de unirte a mi resurrección. Hasta

que no lo hagas, estarás desperdiciando tu vida, ya que ésta simplemente seguirá siendo una repetición de la separación, de la pérdida de poder, de los esfuerzos fútiles que el ego lleva a cabo en busca de compensación y, finalmente, de la crucifixión del cuerpo o muerte. Estas repeticiones continuarán indefinidamente hasta que voluntariamente se abandonen. No cometas el patético error de «aferrarte a la vieja y rugosa cruz». El único mensaje de la crucifixión es que puedes superar la cruz. Hasta que no la superes eres libre de seguir crucificándote tan a menudo como quieras. Éste no es el Evangelio que quise ofrecerte. Tenemos otro viaje que emprender [...]

T-4.In.3

Jesús nunca nos pidió que fuéramos a la cruz con él, ni murió por nuestros pecados. Esa premisa es falsa porque Cristo es inmortal y tú no has cometido pecados. Todo lo contrario, vive por tu inocencia. Es el ejemplo de un hombre que reconoció su divinidad innata, la misma que tú también tienes. No quiere que emules su crucifixión. Quiere que alabes su resurrección. No es necesaria la crucifixión para lograr la resurrección. Hay formas más sencillas de alcanzar el cielo.

El amor no mata para salvar.

T-13.In.3.3

La utilidad y la inutilidad de la enfermedad

El dolor es más evidente en las enfermedades físicas, que nos han enseñado que son un hecho de la vida. «Te haces viejo, te pones enfermo y mueres», aprendemos por la palabra, las imágenes y los ejemplos. «Lo único seguro en la vida son los impuestos y la muerte.» *Un Curso de Milagros* no está de acuerdo con esto. Nos enseña que la enfermedad es algo que elegimos. Lo mismo que la curación. Cuando no encontremos ningún valor en la enfermedad y retiremos lo que hemos invertido en ella desaparecerá.

«Si el sufrimiento y la enfermedad son opcionales —te preguntarás— ¿por qué hay quienes los eligen?» La respuesta es: la *percepción* de la compensación. Todos hacemos lo que *creemos* que nos aporta un beneficio. Aquí tienes algunas de las compensaciones más habituales que *percibimos* en las enfermedades:

1. **Puedes faltar a la escuela, al trabajo y librarte de hacer cosas que no quieres hacer.**

    Cuando de pequeño no querías ir a la escuela, o bien fingías estar enfermo o, si tenías padres permisivos, te dejaban quedar en casa sin más. Al día siguiente, llevabas una nota de tus padres a tu profesor: «Ruego excuse a Linda por haber faltado ayer a la escuela. Tenía fiebre». Tu profesor asentía con la cabeza y te mandaba a tu sitio sin castigarte, y así aprendiste que la enfermedad compra el indulto. Si hubieras llevado una nota a tu profesor en la que hubiera puesto: «Ruego disculpe a Linda por haber faltado ayer a la escuela. La encuentra muy aburrida y prefirió quedarse en casa», tú (y tus padres) habríais tenido muchos problemas. Así que aprendiste que era más conveniente estar enfermo o hacerse pasar por enfermo que decir una verdad que te hubiera afectado o acarreado problemas. «La enfermedad es una defensa contra la verdad» (L, Lección 136). Y así esa dinámica se estableció en un plano inconsciente y la enfermedad asumió el poder de excusa.

    Este mismo proceso se reproduce cuando eres adulto. Por ejemplo, si tienes que cancelar un vuelo y quieres recuperar el dinero, la única forma de hacerlo es conseguir una nota del médico diciendo que estabas enfermo. Las notas de los médicos son la tarjeta de LIBRE DE LA CÁRCEL del juego Monopoly. Pero tu libertad no sale del todo gratis. Para seguir con la dispensa has de soportar el dolor. ¿Vale la pena?

    Hay formas más fáciles y directas de decir no que fingir estar enfermo o estarlo de verdad. Una clienta de coaching me dijo que después de divorciarse había engordado mucho y que quería adelgazar.

    —¿Qué ventajas tienes estando gorda? —le pregunté.

—Creo que me hace menos atractiva para los hombres —respondió—. El final de mi matrimonio fue terrible y no estoy preparada para una relación.

—Entonces, quizá bastaría con que eligieras no tener ninguna relación, en vez de que sea tu peso el que diga «no» en tu nombre.

Le encantó esa visión porque la vio como un instrumento más directo y práctico que mantener el sobrepeso como escudo defensivo contra el sufrimiento que provocan las relaciones.

2. **Eres el centro de la atención y solidaridad de la gente.**

De pequeño, cuando estabas enfermo tu madre se quedaba en casa para cuidarte. Te llevaba la comida a la cama, podías ver la tele durante el día y tomar helado de postre. Las enfermedades de los adultos acaparan otro tipo de atención, pero la dinámica es idéntica.

3. **Consigues dinero.**

Las compañías de seguros te pagarán por tus lesiones. Las pólizas te lo exponen con todo detalle antes de que firmes en la línea punteada. La pérdida de un brazo en algunas partes de Estados Unidos puede suponer una indemnización de hasta 440.000 dólares, el dedo gordo del pie hasta 90.000 dólares, quemaduras del veinte por ciento de tu cuerpo suponen un ingreso de 100.000 dólares en tu cuenta bancaria. Pero no estoy diciendo que si una persona sufre una lesión no deba recibir una gratificación económica u otro tipo de asistencia. *Estoy* sugiriendo que, cuando eres recompensado con dinero por estar enfermo (generalmente, de formas más sutiles de las que he planteado aquí), la enfermedad se vuelve más atractiva e incluso puede ser adictiva.

El trágico suceso de recibir compensaciones económicas por estar enfermo es que llega un momento en que la compensación por estar enfermo pesa más que la recompensa de estar bien. Si tienes que someterte a la decisión de un tribunal de salud de algún organismo oficial o de una compañía de seguros para que certifique tu discapacidad, te la estás certificando a ti mismo. Ve con cuidado con lo que intentas hacer creer a los demás, porque también te lo estás intentando creer tú mismo y, al final, experimentarás tu propia mentira.

Si llegas a probar que alguien te ha lesionado, conseguirás que te compensen económicamente, o al menos podrás intentarlo. La mayor parte del sistema jurídico se basa en la compensación económica por la victimización. En nuestra cultura, ser una víctima puede ser muy lucrativo. Sin embargo, UCDM nos dice: «No soy víctima del mundo que veo» (L, Lección 31). ¿Cuánta gente habría en nuestros tribunales de justicia si todos nos responsabilizáramos de nuestra propia experiencia?

Cuando fui a Perú, un niño que tenía una deformación en el brazo se acercó a nuestro grupo para pedirnos limosna. Y se la dimos generosamente. Más tarde nuestro guía nos dijo que en los países subdesarrollados algunos padres provocan deformidades o mutilan a sus propios hijos para que sean más rentables cuando vayan a pedir limosna.

Una fascinante exposición de heridas valiosas (concepto que he introducido en un capítulo anterior) es la famosa «Cúpula de la bomba atómica» de Hiroshima, Japón. Después del horrendo bombardeo en el que a finales de la Segunda Guerra Mundial se lanzó la bomba atómica, en Hiroshima quedó en pie un edificio, que se reduce a una estructura de cemento y vigas de acero. Desde la guerra, la Cúpula de la bomba atómica ha permanecido en pie como un funesto símbolo del tremendo desastre que sufrió la ciudad.

En la década de 1960, un grupo de ciudadanos de Hiroshima inició un movimiento para sacar esa estructura y enterrar el recuerdo diario del infierno. Otro grupo protestó, arguyendo que la cúpula se había convertido en un distintivo y que atraía cada año a miles de turistas que venían a visitar el lugar de la catástrofe. Esos turistas suponían millones de yenes para la economía de la ciudad y sin la cúpula, ésta podría sufrir una recesión económica. Tras un acalorado debate, el ayuntamiento decidió conservarla. A día de hoy sigue siendo el símbolo principal de Hiroshima. Todas las guías turísticas y los mapas tienen una foto de la maldita ruina en su cubierta y los fotógrafos la envuelven en luces románticas para conseguir efectos especiales. La mayor herida de la ciudad se ha convertido en su mayor tesoro. La ciudad gana dinero a cambio de vivir a la sombra de un horrible recuerdo.

4. **Culpando a otro consigues vengarte o tener «razón».**

UCDM nos pregunta: «¿Preferirías tener razón a ser feliz?» (T-29.VII.1:9). El ego justifica su postura diciendo que los demás están equivocados. Sin embargo, no gana nada y lo pierde todo.

Vi un documental sobre un hombre que creía que su entidad financiera le estaba cargando de más en sus cuotas mensuales de la hipoteca. Tras mucho tiempo de lucha, acabó enviando una furiosa carta a la entidad amenazando con matar a cualquiera que intentara entrar en su propiedad y arrebatársela. La entidad entregó la carta a las autoridades, que lo arrestaron, le juzgaron y le metieron en prisión. Pero en la cárcel siguió con su venganza. En el documental se le mostraba hablando con su mujer por teléfono desde la prisión, explicándole su nueva táctica para derrotar a la entidad prestataria. Al final, ella empieza a llorar y le pregunta: «¿Cuándo vas a dar por terminada esta guerra? Me gustaría que pudieras venir a casa».

Esto es, más o menos, lo que nos está diciendo Dios: «¿Puedes dejar de querer tener razón respecto a lo que está mal y volver a casa?»

El cambio crítico

Cuando el bienestar se vuelve más atractivo que la enfermedad, te conviertes en un rayo de sanación para los demás. Todos conocemos a personas que son felices a pesar de lo que les suceda en la vida. Su actitud es más fuerte que sus circunstancias. Un crítico de cine describió a un personaje de una película como «el tipo de hombre que no tiene problemas porque no quiere problemas».

Mi amiga Jennifer Allen es de ese tipo de personas. Esposa, madre de cinco hijos, mujer de negocios y buscadora espiritual, Jennifer siempre elige la paz. La consecuencia es que siempre tiene una energía ilimitada. Una vez me dio un masaje con una mano mientras sostenía a su hija de un año con el otro brazo.

Un día la vi en un congreso. Mientras estábamos sentados en la sala esperando a que empezara el programa, me enseñó el borrador final del libro que había escrito sobre educación de los hijos y me pidió que le echara un vistazo en mi tiempo libre. «Por favor, cuida bien de este libro —me dijo—. Es la única copia que tengo y tiene muchas fotos originales que no se pueden sustituir.» Cuando volví a verla más tarde ese mismo día, me preguntó si había podido hojear el libro. De pronto, me di cuenta de que me lo había dejado en el auditorio. Con mucha vergüenza le conté lo que me había sucedido. En vez de molestarse, se encogió de hombros y dijo: «Bueno, quizá no tenía que publicarse». Me quedé atónito ante su capacidad de elegir la paz ante una situación en la que la mayoría de las personas se enfadarían muchísimo. Volvimos al auditorio y preguntamos al vigilante si había encontrado el borrador. Afortunadamente, así era. Creo que el propósito de la experiencia era enseñarme que la paz es algo que se elige.

Sé de otras personas que han puesto fin a un matrimonio que no funcionaba sin implicarse en batallas legales, que se han negado a denunciar a su cónyuge aunque hubieran ganado el caso, y que han dejado empleos bien remunerados pero ruines en grandes empresas porque la salud de su alma era más importante que pagar los plazos de su yate. Luego estaba William, un hombre al que le habían diagnosticado un cáncer a los diecisiete años. Hace ya tiempo participó en un seminario y nos contó: «Un día que me tocaba ir a una sesión de quimioterapia, me enteré de que esa noche había un concierto de Grateful Dead en mi ciudad. Decidí que necesitaba un poco de diversión, así que en vez de someterme al tratamiento me fui al concierto. Al poco tiempo me dijeron que me había curado».

El cuerpo es una *representación* de la mente y de las emociones. Es más líquido que sólido y tiene la extraordinaria capacidad de autorregenerarse para volver a su patrón natural de salud. No hay ninguna condición limitadora que tenga que ser permanente. Puedes cambiar de opinión en cualquier momento, lo que conducirá a la transformación de las circunstancias. Tu cuerpo no es el origen de tus pensamientos. Es un *resultado* de los mismos.

La compasión supera a la decepción

La mente que piensa correctamente considera el sufrimiento y las dificultades una oportunidad para la amabilidad y la compasión. Fui a un concierto de los Brothers Cazimero, que son dos músicos hawaianos con mucho talento y muy queridos. Al principio de la velada uno de los hermanos, Ronald, se sintió mal y tuvo que abandonar el escenario. De pronto, su hermano se encontró solo ante mil personas y no podía interpretar el repertorio para dúo que tenían ensayado. Tuvo que improvisar.

El público quedó bastante decepcionado. Habíamos pagado las entradas, ido a ese gran evento y no se iba a producir. Queríamos a Robert y a Roland, no sólo a Robert. Sin embargo, en vez de quejarse, el público apoyó masivamente a los dos hermanos. «¡Te queremos, Roland!», le decía la gente mientras abandonaba el escenario. Nosotros aplaudimos como locos a Robert, mientras éste intentaba improvisar un concierto. Cometió algunos errores en los acordes y a una de sus bailarinas casi se le cae la ropa en el escenario, mientras el cuerpo de baile improvisaba una danza. Nada de eso importó. Todos comprendíamos que era una situación de emergencia y todo el mundo estaba haciendo lo posible para que continuara el espectáculo. Al final, el evento musical no fue ni mucho menos lo que pensábamos que sería, pero se percibía un ambiente de celebración. Al concluir, Robert recibió una gran ovación por parte del público, que se había puesto en pie. Muchos de los presentes rezaron por Roland. La Mente Superior cambió así una situación anómala en una llamada al amor y transformó el acontecimiento. Al final resultó ser una noche mucho más gratificante que si simplemente hubiéramos escuchado el concierto tal como lo habíamos planeado.

El final del terrorismo

La humildad es una virtud. La humillación, no. Ser humilde significa permitir que Dios aporte más vida al mundo a través de ti, en vez de ser un peón en la búsqueda de sangre del ego. Dios promueve tu bienestar y hace todo lo posible para promoverlo. Todo lo demás es un trágico malentendido de la voluntad de Dios.

El mundo está obsesionado con el terrorismo. Los gobiernos gastan billones de dólares en combatirlo, nuestros queridos hijos e hijas regresan a casa en ataúdes, y millones de inocentes se ven obligados a desnudarse en los aeropuertos para poder acceder a un avión. ¿Se te ha ocurrido pensar alguna vez que no es así cómo se suponía que iba a vivir la humanidad? Sin embargo, hasta del peor de los escenarios podemos aprender: «Todas las cosas son lecciones que Dios quiere que yo aprenda» (L, Lección 193).

La respuesta al terrorismo, personal y global, se encuentra en su propio lugar de origen: el corazón asustado. El terrorismo terminará cuando nos neguemos a vivir aterrorizados. El peor criminal es el terrorista *interno*, es la parte de tu mente que te acosa o acepta el acoso de los demás. Es un agitador en tu psique que intenta empequeñecerte encerrándote en un círculo de miedo. Crees que eres un diminuto cuerpo humano, que está solo, indefenso y sujeto al mal que hay en el mundo. Crees que la gente puede herirte sin tu permiso y que no puedes crear la vida que deseas. Crees que tienes que ir a un trabajo que odias y aguantar a jefes repugnantes, compañeros de trabajo mezquinos y clientes caprichosos. Aceptas que has de soportar relaciones degradantes, luchar para sobrevivir, demostrar algo a tus familiares muertos y abrirte paso por la jungla de la vida. Este terrorismo interno es mucho más destructivo para la vida en el planeta que el de los que vuelan coches y edificios. La autodestrucción psíquica convierte a niños brillantes y competentes, con potencial para ser genios, en drones de mirada vacía recorriendo penosamente escuelas, donde sólo les enseñan a enmudecer su mente y a aceptar empleos que les absorben la vida. El terrorista interno convierte a la humanidad en una retorcida masa de miedo, buscando infructuosamente el amor en todas partes. El mundo se convierte en una burla del cielo que se suponía que iba a ser.

Para todo ello *Un Curso de Milagros* dice: «¡Que la paz ponga fin a semejantes necedades!» (L-190.4:1). Nos garantiza que, como hijos de un Dios amoroso y cuidadoso, nos merecemos lo mejor. Hace hincapié en que la crucifixión propia o de los demás no es la voluntad de Dios. «Tal vez no hayas entendido bien Su plan, pues Él nunca podría ofrecerte dolor» (L-135.18:2). La voluntad de Dios es exclusiva, total, absoluta y eternamente, el amor. UCDM nos asegura que también lo es nuestra voluntad, por consiguiente, sea en la tierra como en el cielo.

Todos los viajes a las cruces son inútiles. Hay una forma de vivir más cercana a Dios. Ha llegado el momento de reclamar la resurrección sin crucifixión. La hilarante película de Monty Python *La vida de Brian* termina con un grupo de hombres crucificados junto a Jesús. Todos juntos cantan y silban *Always Look on the Bright Side of Life* [Ve siempre el lado bueno de las cosas]. Aunque es humor negro, esa película tiene un mensaje: los crucificados no tenían por qué estar allí. La tortura es un paradigma que hemos creado. Cristo no volvería a pasar por eso, ni tampoco has de hacerlo tú.

> Él eliminará todo vestigio de fe que hayas depositado en el dolor, los desastres, el sufrimiento y la pérdida. Él te concede una visión que puede ver más allá de estas sombrías apariencias y contemplar la dulce faz de Cristo en todas ellas. Ya no volverás a dudar de que lo único que te puede acontecer a ti a quien Dios ama [...]
>
> L-151.10:1-3

11

Más allá de la magia

Cuando llevé a un grupo de personas a Egipto para hacer una peregrinación espiritual, uno de los miembros, Gloria, encontró una piedra singular al pie de la pirámide. La piedra rosa y redonda desprendía una luz mística y, mientras la sostenía en su mano, notó que emanaba de ella una intensa energía. Se preguntaba si la habrían utilizado los antiguos sacerdotes para curar o si quizás habría sido un adorno del tocado de algún faraón.

Gloria aprovechó un momento para retirarse a un lugar tranquilo y se puso a meditar con la piedra entre sus dedos. Mentalmente pidió ver imágenes de las ceremonias sagradas para las cuales se había usado aquella piedra muchos siglos atrás. Al momento le vinieron imágenes de egipcios con prendas de gala cantando y curando a orillas del Nilo. Visiones que habían estado enterradas desde hacía mucho tiempo empezaron a aflorar; este extraordinario momento fue, sin lugar a dudas, la razón por la que Gloria se había sentido guiada a recorrer medio mundo.

A los pocos minutos, a esta inspirada peregrina le sorprendió notar que la piedra se volvía más blanda. Sintió como una especie de alquimia, quizás era una gema que cambiaba de forma, transformándose en el aura de la oración. Mientras ella seguía meditando, la piedra se fue volviendo más blanda, hasta el extremo de tornarse viscosa. No podía esperar a ver en qué se había convertido, y cuando la miró vio unas franjas de color rosa que le cubrían la mano y que colgaban hacia el suelo. La «piedra» era como una bola de chicle.

Esta historia verídica demuestra el poder de la mente para crear una experiencia. Gloria quería conectar con la tradición mística de aquella cultura y lo hizo. La piedra/chicle fue el vehículo elegido para aportarle la experiencia que buscaba. ¿Habría sido más válida la experiencia de Gloria si hubiera recogido una verdadera joya del tocado de un faraón? No necesariamente. Ni las gemas ni el chicle crean experiencias. Es la mente la que lo hace. En la vida todo se basa en el poder de la mente sobre la materia.

Donde reside la verdadera magia

La «magia» según *Un Curso de Milagros* es la creencia de que un objeto externo tiene el poder de curarte o herirte; de que es el entorno, en vez de los pensamientos, la fuente de nuestra experiencia. Por eso nos dice:

> Crees que lo que te sustenta en este mundo es todo menos Dios. Has depositado tu fe en los símbolos más triviales y absurdos: en píldoras, dinero, ropa «protectora», influencia, prestigio, caer bien, estar «bien» relacionado y en una lista interminable de cosas huecas y sin fundamento a las que dotas de poderes mágicos. Todas esas cosas son tus substitutos del Amor de Dios.
>
> L-50.1.2-3,50:2:1

La magia es la expropiación de la autoridad del espíritu interno para transferirla a una fuerza externa. Pero *no hay una fuerza externa*. No estás en el mundo. El mundo está en ti. Todo lo que te parece que está en el mundo está en ti. No hay nada fuera de ti.

El mundo sustenta infinidad de creencias en la magia. Creemos en la medicina, el dinero, las posesiones, las ciencias esotéricas, los gurús, los sanadores, los amuletos, las tierras exóticas, los lugares sagrados, los rituales, en hacer ejercicio, en el maquillaje, en los casamenteros, en el matrimonio, en los bebés, en las escuelas, en las propiedades inmobiliarias, en las corporaciones, en la tecnología, en los gobiernos y en muchas otras cosas. El lema de la magia es: «No tengo lo que necesito para ser feliz. Esa persona, herramienta o técnica será la varita mágica que me ayudará a conseguir lo que me falta». Luego iniciamos una larga búsqueda de algo que está fuera de nosotros mismos para que nos dé lo que todavía no tenemos. La magia es una proyección de nuestro poder innato en un objeto neutro. Lo único que nos pasa es que hemos desplazado la divinidad.

Como al ego no le gusta oír que su reino está formado por humo y espejos, quizá te parezca un insulto oír que tu forma de magia favorita no tiene en realidad ningún poder. «¡El seminario del doctor _____ me salvó la vida!», exclamas. Sí, es cierto. Pero en realidad no fue el seminario el que te salvó la vida. Fuiste *tú*. Estabas dispuesto y preparado para la transformación, y utilizaste el seminario para autorizarte a recibir lo que querías y necesitabas. También podías haberlo hecho sin acudir a él.

Bueno, todavía no tires el *Curso*. No es necesario que dejes de ir a tu clase de zumba, que dejes de tomarte tus suplementos de hierbas o que no hagas ese viaje a Machu Picchu. Basta con que reconozcas que estos métodos son instrumentos, no la salvación en sí misma. La verdadera magia está dentro de ti.

No hay otras leyes que las de Dios

Una de las lecciones más profundas del *Libro de ejercicios* de UCDM es: «No me gobiernan otras leyes que las de Dios» (L, Lección 76), que nos incita a trascender la magia y a reivindicar la verdadera fuente de nuestro bienestar:

Crees realmente que te morirías de hambre a menos que tengas fajos de tiras de papel moneda y montones de discos de metal. Crees realmente que una pequeña píldora que te tomes o que cierto fluido inyectado en tus venas con una fina aguja te resguardará de las enfermedades y de la muerte. Crees realmente que estás solo a no ser que otro cuerpo esté contigo.

La demencia es la que piensa estas cosas. Tú las llamas leyes y las anotas bajo diferentes nombres en un extenso catálogo de rituales que no sirven para nada ni tienen ningún propósito. Crees que debes obedecer las «leyes» de la medicina, de la economía y de la salud. Protege el cuerpo y te salvarás.

Eso no son leyes, sino locura.

No hay más leyes que las de Dios.

Extracto de L-76.3.4.5.6

¡Qué liberador es pensar que no necesitas nada fuera de ti para curarte o ser feliz! ¡Qué alivio no tener que depender de infinidad de libros, clases, profesores, dietas, viajes, instrumentos y técnicas para encontrar la paz! ¡Cuánto dinero te ahorrarías en terapias y seminarios! El ego nos dice que el cielo es un lugar al que hay que ir. El *Curso* afirma que el cielo lo llevamos dentro.

En primer lugar empieza a liberarte de los grilletes de la magia reconociendo, luego cuestionando y por último desafiando cualquier creencia que albergues respecto a que una fuerza externa lo está haciendo *por* ti o *para* ti. ¿Te cura un médico o tomas la decisión de curarte? ¿Cierta cantidad de dinero en tu cuenta bancaria te da seguridad o te sientes seguro independientemente de la cantidad que haya a tu nombre? ¿Cuántos títulos académicos necesitas para ser creíble? ¿Con quién has de claudicar para sentirte aceptado? ¿Necesitas una pareja para experimentar amor o ya sientes amor? Pocas personas en nuestra sociedad se cuestionan la magia. Menos aún intentan trascenderla. Si estás leyendo esto es que estás recibiendo la llamada para atravesar el velo de la ilusión que hace que el mundo sea una miniatura respecto a su verdadero potencial. Buda preguntó: «Si no lo encuentras en ti, ¿adónde irás a buscarlo?» Toda la autoridad que vas a necesitar en tu vida está en tu interior. Búscala ahí, y no en otra parte.

El verdadero médico

Durante milenios las personas se han curado mediante métodos que para la mentalidad actual son curanderismo primitivo. Hace tan sólo ciento cincuenta años si ibas al médico y le decías que te dolía la garganta quizá te sacara casi toda la sangre del cuerpo. Si eras una esposa frustrada sexualmente en la Inglaterra victoriana, ibas al médico y él te aliviaba mediante manipulación manual. (El vibrador eléctrico lo inventó un médico al que se le cansó el brazo de aliviar a tantas esposas.) A principios del siglo xx, la frenología o ciencia para interpretar la forma del cráneo se consideraba una herramienta de diagnóstico válida. Incluso en la actualidad, los acupuntores muy tradicionales pueden recetar que te pongas lichis en la cara para restaurar la tersura de la piel, que te pongas cuchillas de afeitar en la lengua para estimular las encías o que te comas un ciempiés adulto.

Por raros que nos puedan parecer estos métodos, a muchas personas les han funcionado. *La fe es poderosa.* Cabría preguntarse cómo verán un médico o un sanador del futuro los métodos de curación actuales. En la película de Star Trek *Regreso a casa*, el doctor McCoy regresa del futuro para visitar un hospital del siglo xx en la Tierra. Cuando ve los métodos que se utilizan con los pacientes, pone los ojos en blanco y exclama: «¡Increíble!»

Sin embargo, todos los métodos son creíbles porque la gente cree en ellos. Todos los métodos funcionan para alguien. No es el método el que concede la sanación, sino la fe en él.

Un Curso de Milagros nos dice que no existe ningún método necesario. Todos podemos curarnos eligiendo ser curados. Hay un pasaje muy profundo en el *Manual para el maestro* que expone este principio de un modo muy directo:

> ¿Quién es el médico entonces? La mente del propio paciente. El resultado acabará siendo el que él decida. Agentes especiales parecen atenderle, sin embargo, no hacen otra cosa que dar forma a su elección. Los escoge con vistas a darle forma tangible a sus deseos. Y eso es lo único que hacen. En realidad, no son necesarios en

absoluto. El paciente podría sencillamente levantarse sin su ayuda y decir: «No tengo ninguna necesidad de esto». No hay ninguna forma de enfermedad que no se curase de inmediato.

M.5.II.2.5-13

Un Curso de Milagros nos dice que tenemos la capacidad, el poder y el derecho de curarnos si así lo elegimos. La elección es el centro de toda experiencia. Saca de tu mente todos los condicionamientos previos que consideras necesarios antes de encontrarte bien, y la curación que te parecía lejana o imposible estará a tu alcance.

Según tu creencia

¿Significa la insustancialidad de los métodos que nunca debes acudir al médico, tomarte una pastilla o hacer una dieta de zumos? No necesariamente. Un factor esencial para la curación es *usar el sistema de creencias en el que confías*. Si crees en un cirujano, chamán, hipnotizador o en un instructor de zumos, y tienes intención de curarte, el tratamiento funcionará. Utiliza tus creencias positivas para que te ayuden a superar la influencia de las negativas.

Un famoso escritor de autoayuda hizo un experimento para demostrar el factor fe en la curación. Dio dos seminarios idénticos en dos grandes ciudades de Estados Unidos, en dos meses consecutivos. El precio del primer seminario fue de 50 dólares y asistieron 300 personas. El precio del segundo fue de 500 dólares y también asistieron 300 personas. Los participantes de ambos seminarios experimentaron los mismos buenos resultados. Las personas que creían que la autoayuda tenía que ser barata fueron las que asistieron el primer fin de semana. Los que creían que si un seminario era caro es que debía ser muy bueno, fueron los que asistieron al segundo. No es el precio lo que determina la curación, sino la mente. Mi mentora Hilda nunca cobró nada por sus sesiones de sanación y sus clases durante treinta años y transformó la vida de miles de personas. Otras organizaciones enseñan que sus clientes sólo se beneficiarán de sus servicios si ingresan una importante suma de dinero. Atraen a miles de estudiantes dispuestos a pagar matrículas altísimas durante muchos años y también consiguen buenos resultados. «Hágase en vosotros según vuestra fe» (Mateo 9:29).

Altares de fe

Toda curación es una curación por la fe. Todos tenemos fe en *algo*. Cada persona asiste a la iglesia en la que cree porque la fe es la que crea las iglesias, incluidas las que no tienen nada que ver con la religión. La ciencia, el dinero, el sexo, la comida y la política son iglesias porque la gente cree en ellas y las adora en sus altares. Toda devoción afirma una creencia en el poder al cual te suscribes.

Si necesitas curarte, recurre con confianza al objeto de tu fe. Ve a un coach, a un médico, a un sacerdote, a un chamán, a un terapeuta masajista, a un maestro de reiki o a un amigo en quien confíes. Si la naturaleza te da paz, retírate al bosque. Haz estiramientos en tu clase de yoga. Cíñete a la dieta con la que te sientas mejor. No importa que nadie más te entienda, esté de acuerdo contigo o te acompañe. Lo que importa es que actúes de acuerdo con tus creencias.

Puesto que la mayoría no tenemos una fe perfecta sólo en el Espíritu, tal vez necesitemos recurrir a medios más mecánicos de curación. Jesús utilizó el sistema de creencias de sus pacientes para fomentar su transformación. Frotó barro en los ojos de un ciego y le dijo que cuando se aclarara estaría curado. El hombre asintió y recobró la vista (Juan 9:6-11). Él sabía que el barro no tenía ningún poder mágico, pero las creencias de aquel hombre exigían un objeto a través del cual se pudiera producir la curación. Y compasivamente se lo proporcionó. A Jesús le interesaba más ayudar a ese hombre que esperar a que tuviera la fe perfecta. Actuar sobre la fe parcial conduce a la fe perfecta. La fe parcial *es* perfecta en el sentido de que tu fe es total en el momento en que la activas.

UCDM nos dice que lo único que necesitamos para un milagro es una «pequeña dosis de buena voluntad» (T-18.IV). Jesús utilizó el símbolo de la semilla de mostaza para ilustrar el poder que tiene un poco de fe. De la semilla más pequeña crece un gran arbusto. Basta con que dirijas tu mente en la dirección de tu fe y tendrás el éxito asegurado.

La sinceridad te llevará más lejos que el dogma. Lo que cura a uno quizá no te cure a ti, porque fue la fe de esa persona la que la curó. Del mismo modo, será tu propia fe la que te curará a ti. La fe es más poderosa que la acción, porque la acción es un instrumento de la fe. La acción sin fe no sirve de nada. Cuando tus acciones están en armonía con tu fe, eres fiel a ti mismo y alcanzas tu meta.

El amor perfecto echa fuera a la enfermedad

Si no eres capaz de tener una fe perfecta, busca el amor perfecto. La fe en el amor es la más eficaz, porque Dios es amor. Cuando amas sinceramente te respalda todo el poder del universo.

Toda enfermedad es la negación del amor y toda negación del amor es miedo. Cuando la Biblia nos dice: «el amor perfecto echa fuera al temor» (1 Juan 4:18), también nos está enseñando que el amor perfecto echa fuera a la enfermedad. No es necesario que tengas títulos, estudios o conozcas sofisticadas técnicas de curación para curar. Basta con que ames genuinamente. Sé de una mujer que dedicó su vida a curar mujeres con trastornos alimentarios. Las sacaba del hospital demacradas y se las llevaba a su casa para cuidarlas. Las tenía en sus brazos, las miraba a los ojos y les decía: «Eres hermosa, eres un ángel precioso. Eres una bendición para el mundo. Te quiero y quiero que vivas y seas feliz». Entendía que la incapacidad para recibir alimentos, la necesidad más básica de la vida, representa la incapacidad para recibir amor, la necesidad más básica de la vida espiritual. Al dar amor a esas mujeres las estaba curando en el nivel más profundo. Esta sanadora tuvo mucho éxito y ayudó a que muchas mujeres que no se curaban por otros medios recuperaran el bienestar. El amor es el máximo sanador. Nada puede vivir sin amor. Con amor, todo medra.

El amor cura porque nos recuerda quiénes éramos antes de que nos enseñaran que necesitábamos algo externo a nosotros para bastarnos a nosotros mismos. El éxito de la fe en agentes externos es temporal, mientras que la fe en tu Fuente interior te concede un éxito permanente. La mente asentada en el miedo busca el poder *en* el mundo, mientras que la asentada en el amor aporta poder *al* mundo. Cuando aceptes tu soberanía interior, en vez de atribuir un poder inmerecido a agentes externos, realizarás milagros que no se pueden explicar en términos comprensibles para el mundo.

Deshecha hoy todas tus insensatas creencias mágicas y mantén la mente en un estado de silenciosa preparación para escuchar la Voz que te dice la verdad [...] La magia aprisiona, pero las leyes de Dios liberan.

L-76.9:2,7:5

¿Por qué está escrito *Un Curso de Milagros* en lenguaje psicológico?

UCDM está lleno de términos sacados directamente de una clase de psicología. *Ego, proyección, mecanismo de defensa, pensamientos de ataque, disociación, resistencia, el poder de la mente* y *motivación inconsciente* son términos y temas básicos a lo largo del *Curso*. ¿Es freudiano Jesucristo?

No, pero la doctora Helen Schucman, el canal del *Curso*, era psicoterapeuta y su formación, práctica y enseñanza se basaban en estos términos. En el proceso de canalización, la fuente del material transmite bloques de pensamiento, o conceptos, al canal que los interpreta y los expresa de acuerdo con la mentalidad con la que está familiarizada. El *Curso* fue transcrito por la doctora Schucman en inglés porque ésta era su lengua materna. Si hubiera sido francesa, habría sido transcrito en francés. Si el *Curso* hubiera sido canalizado a través de un artista, el material habría aparecido en forma de cuadro; si hubiera sido músico, en forma de sinfonía; si hubiera sido matemático, como una fórmula. Puesto que la doctora Schucman era psicóloga, el *Curso* adoptó la forma «psicológica». Por este motivo a veces se habla de UCDM como «psicoterapia espiritual».

La cultura occidental cree más en la psicología que en el cristianismo. Los libros de psicología y de autoayuda siempre forman parte de las listas de superventas, y muchas personas que tienen trastornos mentales o emocionales recurren al psicólogo para que les ayude. Los psiquiatras pueden recetar medicamentos e ingresar a las personas en instituciones para enfermos mentales. En muchos aspectos, la psicología es la religión de nuestro tiempo; en los países donde no medra la religión, lo hace la psicología. Dios nos encuentra en el lugar donde vivimos y nos habla en el lenguaje de nuestra fe. «[…] para que un milagro sea lo más eficaz posible, tiene que ser expresado en un idioma que el que lo ha de recibir pueda entender sin miedo» (T-2.IV.5:3).

La palabra *psicología* deriva de la palabra griega *psique,* que significa «alma». Luego, la verdadera psicología va más allá del estudio de la mente, y nos llega al centro de nuestro ser. La curación genuina es holística. La curación del cuerpo procede de la curación de la mente, y la curación de la mente procede de la curación del alma. *Un Curso de Milagros* llega al nivel más profundo de curación, ganándose el apelativo de «psicología» en el verdadero sentido de la palabra.

12
Tu guía impecable

Una noche Nasrudín, el pícaro sabio sufí se encontraba arrodillado bajo una farola buscando algo en la hierba; su vecino, que regresaba a casa, lo vio.

—¿Qué estás buscando? —le preguntó éste.

—Se me ha caído la llave de casa —respondió Nasrudín.

—Te ayudaré —le dijo el vecino. También se arrodilló y empezó a palpar por la hierba. Transcurrió media hora y no habían encontrado nada.

—¿Recuerdas dónde estabas exactamente cuando se te cayó? —le preguntó su vecino.

—Allí —respondió Nasrudín señalando una zona oscura a unos veinte metros de la farola.

—Entonces, ¿por qué la buscas por aquí? —le preguntó el hombre, desconcertado.

—Porque aquí hay más luz.

Es tentador buscar las respuestas donde los demás también las están buscando o donde nos dicen que hemos de mirar. La opinión popular nos insta a viajar a tierras lejanas para conocer a sabios, desenterrar viejas reliquias y colocarnos encima de vórtices de energía. Aunque este tipo de viajes sea una aventura fascinante, lo que verdaderamente debemos evaluar en semejante hazaña es: «¿Estoy más cerca de la paz?» Si la respuesta es afirmativa, tu búsqueda habrá valido la pena. Si no es así, tendrás que replantearte dónde y cómo estás buscando. El lema del ego es «Busca, pero *no* halles» (T-12. IV.1:4). Niega la realidad del amor y contempla la curación como una amenaza. Cualquier respuesta le vale al ego mientras no funcione. ¿Hay algún otro lugar donde buscar que ponga *fin* a la búsqueda en vez de *reforzarla*?

Un Curso de Milagros nos asegura que tenemos un guía impecable *dentro* de nosotros, que está cualificado para responder a todas nuestras preguntas, que nos ayuda a desenredarnos de los matorrales espinosos y que nos conduce a las metas que deseamos alcanzar. El *Curso* identifica a este guía como el Espíritu Santo. El Espíritu Santo es esa parte de nuestra mente que permanece conectada a la Mente de Dios, aunque otra parte de ella esté totalmente inmersa en la ilusión de la separación. El *Curso* hace alusión al Espíritu Santo como si fuera una persona, el verdadero amigo en el que puedes confiar, que te ama más de lo que jamás te amará tu ego. Sabe la verdad respecto a ti, entiende dónde se encuentra la verdadera ayuda y es generoso en su voluntad de iluminar tu camino.

El Espíritu Santo es como una luz en una casa al anochecer. En el momento en que el sol empieza a ponerse, el sensor la enciende. Este proceso nos garantiza que siempre habrá luz. Cuanto más se oscurece el mundo exterior, más intenso es el brillo interior. Dios no permitirá que estemos forcejeando en una dimensión errónea.

El *Curso* nos invita a entregar las situaciones difíciles al Espíritu Santo. Esto requiere humildad y confianza. Si estás dispuesto a dejar que el ego lleve la batuta, probarás un montón de soluciones que no funcionarán, recurrirás a la fuerza bruta y encontrarás un sinfín de razones para justificar tus límites. Pero si valoras la paz más que la arrogancia y el éxito más que la lucha, recurrirás al Poder Superior para que te ayude y estarás abierto a recibir su ayuda. Y ésta llegará.

El Pensamiento de Dios te protege, cuida de ti, hace que tu lecho sea mullido y allana tu camino, al iluminar tu mente con gozo y amor. Tanto la eternidad como la vida eterna refulgen en tu mente porque el Pensamiento de Dios no te ha abandonado y todavía se encuentra en ti.

L-165.2:6-7

Señales certeras

Uno de los principales milagros del *Curso* es «Su Voz te guiará muy concretamente. Se te dirá todo lo que necesites saber» (T-1.I.4:2-3). ¡Qué tranquilidad saber que no hemos de averiguarlo todo por nosotros mismos!

Hubo una época en que pensaba en comprarme una propiedad en un entorno rural. Un día estaba recorriendo el terreno con mi agente inmobiliario, me gustaba la casa, pero tenía un extraño sentimiento negativo respecto a ella. Así que le pedí al Espíritu Santo que me enviara una señal para saber si debía comprar. Cuando estábamos a punto de abandonar la propiedad, dos hombres de aspecto duro con dos perros grandes nos dijeron que nos detuviéramos. Nos explicaron que eran los vecinos y que no querían que nadie viviera allí. Dijeron que tenían los derechos sobre el agua de la propiedad y que no se los cederían a nadie. Y siguieron dando explicaciones. Puesto que no tenía el menor interés en vivir cerca de semejantes vecinos, ésa fue mi señal y abandoné la idea de comprar esa finca. Después encontré una propiedad mucho mejor con vecinos amables y la adquirí.

En otra ocasión mi querida Dee y yo fuimos de viaje a Japón con una amiga que se ofreció a enseñarnos la zona rural. Antes de empezar el recorrido nos llevó a comer a un restaurante de comida orgánica; nos sentamos junto a una pareja norteamericana que vivía en Japón. Nos aconsejó visitar un templo zen en las montañas. Fuimos al templo y nos pareció extraordinariamente inspirador; constaba de una serie de treinta templos escalonados en la ladera de la montaña, rodeados de un bosque con cientos de miles de altísimos cedros de más de quinientos años. La elegancia de la arquitectura de los templos y la tranquilidad que se respiraba sobrepasaba todo lo imaginable. Me hubiera gustado quedarme allí para siempre. Esa visita resultó ser la estrella de nuestro viaje a Japón y ahora guardo ese espacio en mi corazón como la imagen del cielo en la tierra. Me maravillo ante la sincronicidad de cómo fuimos guiados hasta allí. Era algo que nosotros jamás hubiéramos podido planificar. Fue la obra de Dios. El Espíritu

Santo actúa a través de las personas. Cuando menos te lo esperes te convertirás en la voz que guiará a otra persona, y cualquiera puede ser un canal a través del cual te guiará el Espíritu Santo.

Simplemente muéstramelo

«Por favor, muéstramelo» es una de las oraciones más poderosas que puedes repetir. Pero has de estar abierto a la guía del Espíritu, en vez de decirle a Dios cómo ha de hacer las cosas. «Por favor, muéstramelo; siempre y cuando tu respuesta coincida con la mía», es una oración autolimitadora. Es muy habitual que el Espíritu Santo tenga un plan y una intención para nosotros que esté muy por encima de lo que podemos concebir. Ésta es la razón por la que la Lección «No percibo lo que más me conviene» (L, Lección 24) aparece bastante pronto en el *Libro de ejercicios*. Por más que al ego le gustaría creer que sabe lo que más te conviene, no es así. Cuando todos los planes del ego se han ahogado, el Espíritu Santo está preparado para lanzarte un salvavidas. Mejor todavía, recurre al Espíritu Santo *antes* de caerte del barco. De hecho, si invitas al Espíritu Santo desde el *inicio* de tu proceso de toma de decisiones, te ahorras muchos ensayos y errores. Tu guía impecable tomará en tu nombre decisiones mucho más gratificantes que las que puedes tomar en tu propio nombre. Los programas de doce pasos atribuyen la curación de una adicción a tu asociación con el Poder Superior y con razón. Dios puede y hará por ti todo lo que tú no puedes hacer por ti mismo.

> [...] oye tan sólo la Voz que habla por Dios y por tu Ser [...] Él dirigirá tus esfuerzos, diciéndote exactamente lo que debes hacer, cómo dirigir tu mente y cuándo debes venir a Él en silencio, pidiendo Su dirección infalible y Su Palabra certera.
>
> L, Ep.3:2-3

Donde vive el gurú

Una de mis clientas japonesas fue a un vidente y éste le dijo que se casaría con un abogado norteamericano, que la engañaría y que acabarían divorciándose. Aunque esta clienta es una profesional culta, esta «lectura» le causó malestar. Le dije que no hay ningún vidente que acierte al cien por cien. Las decisiones importantes siempre están en nuestras manos: «Tengo el poder de decidir» (L, Lección 152). Los buenos videntes no te presentan los acontecimientos como si estuvieran grabados en piedra. En el mejor de los casos, identifican temas, patrones y probabilidades. Pero tú en cualquier momento puedes tomar otra decisión e ir en otra dirección. Le dije a mi clienta que su destino dependía más de su propia intención que de ningún destino impuesto externamente. Construimos nuestro futuro de acuerdo a nuestro estado de conciencia.

Los consejeros humanos pueden ayudarnos, pero sólo si lo que nos aconsejan está en sintonía con nuestro guía interior. Nunca hagas nada sólo porque te lo diga un consejero. Sigue sólo el consejo externo si tu consejero *interno* está de acuerdo. Los buenos videntes no buscan o aceptan el poder que tiendes a otorgarles. Por el contrario, te incitan a recurrir a tus recursos internos. Uno de mis títulos favoritos de un libro es el del vidente Dougall Fraser; es un recordatorio: *But You Knew Already* [Pero tú ya lo sabías].

Cuando tengas que tomar una decisión imagina que ya lo sabes. Tu misión no es ir buscando por ahí a alguien que sea más listo que tú para que te diga lo que debes hacer. Tu tarea es adentrarte en tu corazón y recordar lo que ya sabes. El gurú último vive dentro de ti. Por eso la palabra gurú se deletrea g-u-r-ú: «*gee, you are you*».*

---

* Es un juego de palabras con la fonética en inglés, una ocurrencia graciosa; traducido sería «Eh, tú eres tú» (*N. de la T.*)

La voz de tu mejor amigo

Puedes distinguir entre el consejo del Espíritu Santo y el del ego observando el sentimiento o energía que te genera la voz o el consejo. El Espíritu se basa en el amor. El ego actúa con miedo. El amor aporta un sentimiento de bienestar, ligereza y serenidad, y también consuelo. El miedo hace que te sientas mal, pesado, limitado y aumenta el malestar. El amor y el miedo no son entidades, sino *energías*, *frecuencias* o *corrientes de experiencias*.

Imagina que Susan es tu mejor amiga. Alguien que no conoces te llama y te dice: «Hola, soy Susan. Ha pasado algo muy importante. Necesito que te reúnas conmigo en Starbucks dentro de una hora».

¿Irías?

Por supuesto que no. *Conoces* la voz de tu mejor amiga y la energía que transmite. Su voz te es familiar, cómoda y te da confianza. Cuando conversas con un impostor no tardas en darte cuenta de que, aunque esa persona te diga que es tu mejor amiga, *no lo es*.

Ahora imagina que te llama Susan y no te dice quién es. «Ha sucedido algo muy importante —te explica—. Reunámonos en Starbucks en una hora».

¿Irías?

Por supuesto. Conoces la voz de tu amiga y la energía que transmite. Ni siquiera te ha dicho quién era, pero energéticamente supiste que era ella. Te sentiste bien y respondiste.

Así es justamente cómo actúan las voces del amor y del miedo, y cómo hemos de responder. La voz del amor es tu mejor amiga. Cuando habla te suena familiar, segura, con fuerza, de confianza, como si volvieras a casa. Es un placer escucharla y actuar al respecto. Funciona y da resultado.

La voz del miedo la sientes de un modo totalmente distinto que la del amor. Es tenebrosa, fría, te deja con malestar y preocupación. No aporta tranquilidad, consuelo o paz. Se intensifica con la exigencia, la amenaza, la protección, la defensa y la manipulación. No te lleva adonde quieres ir. No alivia el estrés, sino todo lo contrario.

La parte que está escuchando a la Voz de Dios es serena, está en continuo reposo y llena de absoluta seguridad. Es la única parte que realmente existe. La otra es una loca ilusión, frenética y perturbada, aunque desprovista de toda realidad. Trata hoy de no prestarle oídos. Trata de identificarte con la parte de tu mente donde la quietud y la paz reinan para siempre. Trata de oír la Voz de Dios llamándote amorosamente, recordándote que tu Creador no se ha olvidado de Su Hijo.

L-49.2

Si no le prestases atención a la voz del ego, por muy ensordecedora que parezca ser su llamada; si no aceptases sus míseros regalos que no te aportan nada que realmente quieras, y si escuchases con una mente receptiva que no te haya dicho lo que es la salvación, podrías entonces oír la poderosa Voz de la verdad, serena en su poder, fuerte en su quietud y absolutamente segura de Sus mensajes.

L-106.1

Discernir entre la voz del amor y la del miedo es como escuchar dos emisoras de radio diferentes. En una suena música estridente, alta y molesta. En la otra música relajante, elevadora y terapéutica. Puesto que las emisoras de radio están dentro de ti, puedes elegir dónde sitúas tu dial y cosechar los resultados del tipo de música que emite cada emisora.

La prueba del estómago

He oído hablar de un hombre de negocios que toma las decisiones mientras cena. Mientras cena se imagina que toma una decisión entre varias alternativas. Si la cena le sienta mal, sabe que el camino que pensaba seguir no es el adecuado para él. Si digiere y duerme bien, sabe que va a tomar la decisión correcta.

Tu cuerpo y tus sentimientos siempre te dicen si una decisión o dirección en particular están en sintonía con tu bienestar. Tu cuerpo y tus sentimientos hablan más alto que tu mente, que es donde están todos tus problemas. Si un plan te pone tenso o enfermo cuando piensas en él o lo llevas a cabo, es que no es el adecuado. Si una idea te eleva y da energía cuando piensas en ella o la llevas a cabo, es que es buena. Confía en tu conocimiento interior profundo.

Al final, sólo eres la voz de tu amor. Todo lo demás no tiene nada que ver contigo. Reivindica lo que verdaderamente es tuyo y tus decisiones funcionarán milagrosamente.

> Tu sanadora Voz protege hoy todas las cosas, por lo tanto, dejo todo en Tus Manos. No tengo que estar ansioso por nada. Pues Tu Voz me indicará lo que tengo que hacer y adónde debo ir, con quién debo hablar y qué debo decirle, qué pensamientos debo albergar y qué palabras transmitirle al mundo.
>
> L-275.2:1-3

No te han abandonado para que encuentres el sentido a un mundo sin sentido. Ésa es la interpretación de la vida que hace el ego. El Espíritu Santo que está en tu interior reconoce que cada paso que das forma parte de tu viaje de regreso a casa. Tú puedes dar la espalda al amor, pero el amor no puede y no lo hará. La Voz que habla por Dios siempre te dirá lo que tienes que hacer, si se lo preguntas sinceramente. Si tu hijo acudiera a ti para hacerte una pregunta importante y tú supieras la respuesta, no se la negarías. Tampoco lo hará tu Padre celestial. La vida no es un misterio y la clave de la iluminación no está oculta. Busca la verdad donde está, no donde otros la han estado buscando o donde te han dicho que está. Todo lo que has de saber lo tienes gratuitamente arraigado en tu interior. No lo busques fuera de ti.

> «¿Quién camina a mi lado?» Debes hacerte esta pregunta mil veces al día hasta que la certeza haya aplacado toda duda y establecido la paz. Deja que hoy cesen las dudas.
>
> L-156.8:1-3

13

Un plácido sendero
en un día de verano

Cuando vivía en la isla de Kauai solía ir a la mágica y prístina playa de Hanalei Bay, donde se filmó *Al sur del Pacífico*. Cada día al atardecer, una pareja llamada Doug y Sandy colocaban sus tumbonas y tocaban música suave con la guitarra y el ukelele, para regalar los oídos de quien quisiera escucharles. Imposible imaginar una imagen más bucólica.

Un día, una de las personas que estaban escuchando preguntó a Doug y a su pareja por qué no cobraban por sus conciertos improvisados. «Lo hacemos porque nos gusta —respondieron—. Nos gusta compartir nuestra música con las personas que saben apreciarla. Un día vino un hombre y nos preguntó: "¿Cuál es tu mayor sueño?" "Me gustaría tener una guitarra hecha a medida por el famoso lutier de guitarras de Big Island de Hawái", le respondí. "Valoro mucho que cada atardecer vengáis aquí y bendigáis a la comunidad. Me gustaría comprarte esa guitarra", me respondió. Y lo hizo. Le costó 10.000 dólares.»

Aunque a ti y a mí nos han enseñado que debemos esforzarnos por nuestro bien, *Un Curso de Milagros* nos enseña que no es necesario luchar y que la gracia provee.

Uno de los pasajes más reconfortantes del *Curso*, que se cita en el prefacio de este libro, se repite aquí:

Una vez que has aprendido a decidir con Dios, tomar decisiones se vuelve algo tan fácil y natural como respirar. No requiere ningún esfuerzo, y se te conducirá tan tiernamente como si te estuviesen llevando en brazos por un plácido sendero en un día de verano.

T-14.IV.6:1-2

Examinemos con mayor detalle la creencia de que debemos luchar para alcanzar el cielo, a fin de poder deshacer esta ilusión y sustituirla por un camino más amable. En primer lugar, hemos de proponernos trascender la creencia generalizada de que el sufrimiento es la fuente de la paz. Te han enseñado que si no vas sacando el hígado por la boca, eres un holgazán. «El éxito es un uno por ciento de inspiración y un noventa y nueve por ciento de sudor.» «Quien algo quiere, algo le cuesta.» Sin embargo, si observas la vida de las personas que están inmersas en un ritmo frenético, verás que su búsqueda de la paz no termina jamás. Siempre tienen algún objetivo que cumplir, un obstáculo más que superar, un enemigo más que vencer antes de conseguir la felicidad. Pero la felicidad no es el resultado de la lucha. La felicidad es el resultado de elegir la felicidad. No puedes obtener peras de un olmo, como tampoco puedes conseguir paz del conflicto. La *fe* en la dificultad hace que el mundo sea difícil. Traslada tu fidelidad a lo fácil y el mundo será mucho más llevadero.

Más allá del contraste

Otra ilusión muy arraigada en el mundo es que se necesita el contraste para experimentar la felicidad. Te han dicho que no puede haber felicidad sin tristeza, resolución sin conflicto, risas sin lágrimas, amor sin odio, descanso sin trabajo, curación sin enfermedad, liberación sin esclavitud, perdón sin culpa, ni cielo sin infierno. No cabe duda de que podemos aprender del contraste y utilizar las diferencias para aguzar nuestra conciencia. Pero los grandes contrastes sólo sirven en la etapa inicial del viaje espiritual. Si la Inteligencia Avanzada no puede captar tu atención a través de contrastes sutiles, empleará contrastes más acusados como instrumentos educativos. Si no notas el codazo, terminarás con un bofetón. No porque la voluntad de Dios sea que sufras, sino porque es la única forma de captar tu atención. No entra en los planes de Dios hacer que la vida sea difícil, sino en los de la resistencia humana. Siempre hay formas de aprender que no exigen sufrimiento. A medida que te vas elevando a niveles de experiencia más refinados, las diferencias se vuelven más sutiles, suaves y apenas perceptibles, y el drama da paso a una nueva historia más amable y sin dificultades.

En el mundo de la polaridad, todo lo que existe son opuestos que se refuerzan mutuamente. El mundo al que te invita UCDM es de unidad. «Lo opuesto al amor es el miedo, pero aquello que todo lo abarca no puede tener opuestos» (T-In.1:8). Hay una luz más constante que la del sol que desaparece por la noche; una vida donde no existe la muerte, un amor que supera las breves relaciones condicionales, un ser que no está sujeto a destrucción por fuerzas externas, una realidad que no está afectada por las ilusiones.

En el Cielo [...] Todo es claro y luminoso, y suscita una sola respuesta. En el Cielo no hay tinieblas ni contrastes [...] Lo único que se experimenta es una sensación de paz tan profunda que ningún sueño de este mundo ha podido jamás proporcionarte ni siquiera el más leve indicio de lo que dicha paz es.

Extracto de T-13.XI.3:7-13

Por la gracia vivo

Mientras muchas religiones y caminos espirituales se centran en la importancia de las buenas obras, suelen pasar por alto o subestimar la presencia y el poder de la gracia. La gracia es un estado de existencia donde somos amados incondicionalmente y recibimos todo lo que necesitamos de la mano benevolente de Dios. No te has de ganar el bien. Se te da gratuita y generosamente. El bienestar no es un logro que tengas que ganarte, sino un derecho de nacimiento. Sácate de la cabeza la idea de que has de hacer algo para ser feliz. La seguridad, la vitalidad, el sustento y la plenitud del alma son tuyos por el mero hecho de pertenecer a la progenie de Dios. El amor está *donde* tú estás porque el amor es lo *que* tú eres. Tus bendiciones proceden del cielo ininterrumpidamente.

Una clienta de coaching me dijo que recordaba una época dorada en su vida en la que todo le fluía a la perfección. Aparecían las personas correctas, todas sus decisiones eran correctas y parecía que no podía hacer nada mal. «Me gustaría poder volver a esa forma de vida sin esfuerzo», me dijo. Entonces se lo pensó un momento e hizo una afirmación muy aguda: «Quizá siempre me ha ido todo bien y todavía me sigue yendo, sólo que aún no me he dado cuenta».

No podía haber dicho nada más cierto. Le dije que si podía retroceder a ese estado de conciencia de la presencia dorada dentro y fuera de ella descubriría que, en realidad, nunca había abandonado ese estado de bendición.

Aunque trabajes bajo la ilusión de que has de ganarte el pan, Dios está cuidando de ti. Piensa en los billones de procesos microscópicos que tienen lugar en tu cuerpo para mantenerlo vivo y sano. No están bajo tu control consciente. Tu corazón late, tus pulmones respiran, tu estómago digiere y todos tus órganos desempeñan sus complicadas funciones a la perfección. Tampoco puedes controlar la infinidad de sistemas brillantes que mecanizan el universo que te rodea. La Tierra mantiene su distancia perfecta del Sol y su ángulo de inclinación preciso; el agua se evapora del mar para convertirse en lluvia y regar las plantas de las que te alimentas, y se evapora para repetir eternamente ese ciclo, un corte en tu dedo se cierra sin que sepas cómo lo ha hecho para que vuelva a crecer la piel. Participas en un proceso sumamente inteligente que es de una magnitud que no puedes supervisar. Tal vez creas que eres responsable de tu bienestar, pero no es así. Eres responsable de *cooperar*, no de *controlar*. Puedes decir con confianza total: «El amor de Dios es mi sustento» (L, Lección 50).

Ahora llegamos a la lección que puede aliviarte de todas tus cargas si se lo permites:

Por la gracia vivo. Por la gracia soy liberado.

L, Lección 169

Deja de lado todo concepto que implique que has de *ganarte* la dignidad. *Ya* eres digno. Recuerdo todas las tonterías que he hecho, lo desagradable que he sido conmigo mismo y con otras personas, y todas las razones que alega mi ego para que me vuelva mejor persona a fin de merecerme todas las cosas que quiero. Luego me doy cuenta de que, mientras yo estaba dormido en la rueda de mi vida, un Poder Superior me estaba guiando y cuidando. Reconocer este estado es un acto de humildad. Siempre he tenido lo necesario, a pesar de mis errores y estados de estupefacción, es un milagro total y absoluto. No puedo explicarlo de ningún otro modo que no sea por la gracia, que nos cuida a todos. Mi vida es una sucesión de milagros, como lo es la tuya.

La gracia en acción

Aceptar la gracia no significa quedarte tumbado en la cama esperando a que te entren cheques por la ventana. No has nacido para ser un observador pasivo de la vida. Has nacido para aventurarte y permitir que el Poder Superior actúe tanto a *través* de ti, como *para* ti.

Hay intervenciones sobrenaturales en las que se aparecen los ángeles y salvan a personas en accidentes de tráfico o en otras situaciones peligrosas. Estos fenómenos son fantásticos y sobrecogedores. Pero lo más habitual es que la gracia fluya hasta nosotros a través de vías normales y de nuestras acciones.

El maestro espiritual Bashar cuenta la historia de una mujer que quería viajar por todo el mundo visitando lugares sagrados, pero que no tenía dinero. Así que le hizo una oferta a una compañía aérea. Le propuso que si volaba gratis por todo el mundo, ella tomaría fotos para la revista de la compañía. La compañía aceptó y le dio un billete para recorrer el mundo volando, incluyendo alojamientos de primera, a cambio de sus reportajes fotográficos; además, le pagarían un sueldo.

Conozco a otra mujer a la que le encanta el cine y se ofreció como voluntaria en el Festival de cine de Sundance. A través de una larga sucesión de extraños acontecimientos, conoció a Robert Redford y se convirtió en su asistente personal.

Como ya he mencionado antes, mi mentora Hilda Charlton nunca cobró un centavo en todos los años que estuvo curando y enseñando generosamente. Los alumnos agradecidos le daban todo lo que necesitaba, un cómodo apartamento en Manhattan, vehículos, ropa y asistencia médica. Un día un alumno agradecido fue al bloque de pisos donde vivía y le entregó al portero un sobre para ella que contenía 5.000 dólares. Esta mujer de fe sabía que era Dios quien la mantenía y el bien se abrió paso para llegar hasta ella, igual que hace contigo y conmigo.

El fuego del propósito

Elegir el camino sencillo no significa que te vuelvas perezoso, que huyas de las dificultades o que tires la toalla si las cosas se ponen feas. Significa que le pides al Espíritu que te ayude a superar lo que percibes como obstáculos. «Me haré a un lado y dejaré que Él me muestre el camino» (L, Lección 155). Si hay algo que debas saber o hacer, te será dicho. Si *ardes con el fuego del propósito*, te darás cuenta de que eres más grande que cualquier dificultad que tengas que afrontar y serás especialmente dirigido hacia el camino que esté en más armonía con tu misión. El Poder Superior te proporcionará las vías y los medios para que consigas tu meta sin estrés por tu parte. Tal vez tengas que trabajar, pero nunca necesitarás el miedo.

No tienes que sabotear tu camino hacia el bien. El ensayista científico y devoto Lyell Rader dijo: «Si no puedes orar para que se abra una puerta, no la abras haciendo palanca». Lo que es correcto para ti llega a ti. Lo que no es adecuado para ti desea salir de tu vida cuanto antes. Si has de luchar para conseguir o conservar algo, es que no te pertenece y estás mejor sin ello. Algo mejor para ti te está esperando. *Luchar para conseguir, luchar para conservar*. Las cosas no te pertenecen por que puedas manipularlas, sino por el derecho de tu conciencia. Mantén tu conciencia lo más elevada posible y lo que te pertenece te reconocerá.

Muchas personas malinterpretan la enseñanza de Buda y creen que no deberíamos desear. No es posible no desear. Estar vivo es desear. El deseo de no tener deseos es un deseo. Lo que Buda nos decía era que no nos *apegáramos* a nuestros deseos. Hasta el Dalai Lama, considerado por muchos el budista vivo más iluminado, tiene preferencias por juguetes y algunas actividades. Pero juega con ellos en vez de dejar que controlen su felicidad. De niño le fascinaban los telescopios, y de mayor mira la televisión y se ríe con algunos programas. También se ríe del programa denominado *Tierra*. Cuando tú y yo podamos reírnos de lo que una vez nos pareció serio, habremos superado el miedo y estaremos en el buen camino hacia la iluminación. «[...] todas las lágrimas han sido enjugadas felizmente y con amor» (T-27.I.5:5).

Puedes ahorrarte años o incluso vidas de dificultades aceptando la gracia y dejando que lo que fluye sea tu guía. *Un Curso de Milagros* es un destructor del tiempo y un minimizador del sufrimiento. No naciste para ir dando tumbos eternamente por la Tierra. Si eres un cabezota de los de hágaselo usted mismo, seguirás luchando para conseguir cosas buenas. Entretanto, tienes un potente Compañero que es capaz de proporcionarte todo lo que necesitas. «Y esa sola Voz te asigna tu función, te la comunica, y te proporciona las fuerzas necesarias para poder entender lo que es, para poder llevar a cabo lo que requiere, así como para poder triunfar en todo lo que hagas que tenga que ver con ella» (L-154.3:2).

¿Quién trataría de volar con las minúsculas alas de un gorrión, cuando se le ha dado el formidable poder de un águila?

M-4.I.2:2

¿Por que está escrito *Un Curso de Milagros* en lenguaje patriarcal?

Un Curso de Milagros está escrito sólo en género masculino. Se hace referencia a Dios como «Él», el Espíritu Santo y al fruto de Dios al que se le llama «Hijo de Dios». Quizá nos preguntemos por qué el autor no puso más cuidado en honrar a las mujeres e incluir el principio femenino. Si Jesús es realmente uno con la omnisciente Mente de Dios, ¿es que acaso se perdió los años sesenta? ¿No es consciente del movimiento de liberación de la mujer? ¿Es sexista?

Un ser divino iluminado cuyo amor y compasión son universales no excluiría a las mujeres de la salvación ni menospreciaría su identidad. Hay varias razones por las que UCDM está escrito en masculino.

En primer lugar, Jesús está enseñando la naturaleza singular de Dios, en lugar de la separación. «Él» y «Ella» representan un universo polarizado donde la creación se divide en opuestos. El *Curso* pretende restaurar la unicidad en nuestra mente, no fomentar la dualidad.

En cuanto al «Hijo de Dios», Dios tuvo un hijo —todos nosotros— que tampoco está sujeto a divisiones de género. El Espíritu no es hombre ni mujer. Así que Jesús eligió usar un término unicista para todos nosotros en lugar de dualista.

Los seres humanos proyectamos atributos humanos en Dios. Puesto que vivimos en una cultura muy patriarcal, solemos referirnos a Dios como «él». Puesto que Jesús nos habla en un lenguaje que podamos entender, representado en su mayor parte por las religiones cristiana, musulmana y judía, está utilizando nuestro sistema de creencias para que el *Curso* sea más comprensible para nosotros.

Estoy seguro de que el autor de *Un Curso de Milagros* no tendría el menor inconveniente en que a Dios se le llamara «Ella» o, simplemente, «Espíritu», «Creador», «Poder Superior», «Alá», «Jehová», o cualquier otro nombre que nos dé paz. Cada cual ha de relacionarse con Dios de la manera en que se sienta más identificado con Él, Ella o Ello.

Sería una lamentable pérdida que algunos estudiantes desecharan el

Curso porque les ofende su género masculino. Los beneficios transformadores de este programa van mucho más allá del género. El *Curso* es para todas las personas, a las que Dios valora y ama por igual.

14

El factor distractor

En el prefacio de este libro he dicho que todas las personas que estudian *Un Curso de Milagros* tienen alguna resistencia. Si no tuvieras resistencia, no necesitarías el *Curso*. Si no tuvieras resistencia no tendrías un cuerpo y estarías en la Tierra. No tendrías miedos, ni decepciones y vivirías en un estado de beatitud constante. Si éste es tu caso, puedes ahorrarte este capítulo. Pero, si todavía te enfadas con la gente o te faltan algunas sesiones prácticas de las lecciones del *Libro de ejercicios* de UCDM, este capítulo te será muy útil.

El *Curso* prevé nuestra resistencia y la aborda en las primeras lecciones del *Libro de ejercicios* y vuelve al tema a menudo después de ellas. Sabe que vamos a hacer todo lo posible para distraernos de las verdades del *Curso* que el ego no quiere afrontar. ¿Qué ego quiere escuchar que el mundo que te ha convencido de que es tan real no es más que humo y espejos? Y que tu búsqueda de alguien que te haga feliz no es más que la búsqueda de ti mismo. Y que el dinero, las píldoras y la clase social no tienen ninguno de los poderes que les has otorgado. ¿Qué ego que se respetara a sí mismo no contraatacaría con cualquier truco, instrumento y arma que pudiera encontrar en su arsenal, para mantenerte enganchado al mundo que ha creado? No subestimes los recursos del ego para mantenerte atrapado en el castillo ilusorio que ha construido el miedo, aunque tu huida te saque del infierno y te ayude a poner los pies en el cielo.

En vez de negar nuestra resistencia o de distraernos más, debemos afrontarla y buscar maneras elegantes de trascenderla. Afortunadamente, puesto que el Espíritu Santo es más inteligente que el ego, hay formas de sortear el fuego antiaéreo que han lanzado los ejércitos de la noche para que no amanezca.

Aniquiladores de la resistencia

1. **Haz las lecciones del Libro de ejercicios.**

    Cuando los estudiantes me dicen: «Empecé a estudiar el *Curso*, pero no lo entendía y lo dejé», les pregunto: «¿Has hecho las lecciones del *Libro de ejercicios*?»

    —No, empecé con el *Texto* y no pude pasar de ahí. Entonces, lo dejé de lado.

    —Olvídate del *Texto* por el momento y empieza con las lecciones del *Libro de ejercicios* —les digo—. Luego podrás volver al *Texto* y te resultará más fácil de entender.

    El *Curso* nos da pistas sobre cómo vencer la resistencia antes de que tan siquiera abramos la Lección 1 del *Libro de ejercicios*:

Algunas de las ideas que el libro de ejercicios presenta te resultarán difíciles de creer, mientras que otras tal vez te parezcan muy sorprendentes. Nada de eso importa. Se te pide simplemente que las apliques tal como se te indique. No se te pide que las juzgues. Se te pide únicamente que las uses. Es usándolas como cobrarán sentido para ti, y lo que te demostrará que son verdad.

Recuerda solamente esto: no tienes que creer en las ideas, no tienes que aceptarlas y ni siquiera tienes que recibirlas con agrado. Puede que hasta te opongas vehementemente a algunas de ellas. Nada de eso importa, ni disminuye su eficacia. Pero no hagas excepciones al aplicar las ideas expuestas en el libro de ejercicios. Sean cuales sean tus reacciones hacia ellas, úsalas. No se requiere nada más.

L-In.8-9

Sigue con las lecciones. No pares. Con algunas de ellas estarás más en sintonía, con otras no. Si no entiendes algunas de las lecciones, úsalas igualmente. Si no te gustan, úsalas también. Si te saltas algunos períodos de práctica, sigue. Si un día te saltas la lección, sigue al día siguiente. Si te saltas una semana de hacer los ejercicios, vuelve a empezar. No utilices cualquier excusa para parar. Ceñirte a las lecciones te salvará la vida espiritualmente e incluso puede salvarte físicamente. Las lecciones funcionan si tú las practicas.

No importa cuántas lecciones o períodos de ejercicios te pierdas, no utilices los lapsos como excusa para sentirte culpable o machacarte. Eso es justamente lo que el ego quiere que hagas. El objetivo del *Curso* es terminar con el sentimiento de culpa. Así que si te pierdes algunas lecciones o ejercicios, pero eliges la paz interior de todos modos, indirectamente también estarás dominando el *Curso*.

Sin embargo, las lecciones son de gran importancia para mantenerte al corriente, así que no uses las instrucciones que te acabo de dar para justificar tu retraso. El *Curso* nos dice: «En la eternidad las demoras no importan, pero en el tiempo son ciertamente trágicas». (T-5.VI.1:3).

Haz cada lección del *Libro de ejercicios* lo antes posible en cuanto te despiertes por la mañana, antes de que revises tu correo electrónico, Facebook, o mensajes de voz; de que veas las noticias; empieces a trabajar; o te líes a hacer las tareas del día. No esperes a tener un momento propicio para practicar. La conveniencia no es algo que suceda. Es algo que se elige. Si dejas que avance el día antes de haber conectado con Dios, lo relegarás a un segundo (o tercero, cuarto, quinto o último) plano en tu vida. *Tu conexión espiritual es más importante que ninguna otra cosa que debas hacer.* Si hay algo que realmente no puede esperar, como llevar tus hijos al colegio, hazlo. Pero vuelve cuanto antes a tu lección.

A medida que vayas practicando las lecciones, notarás que tu resistencia va desapareciendo gradualmente y el programa se convertirá en una celebración extática. Las grandes verdades sobre las cuales se ha escrito el *Curso* se harán reales en tu vida y experimentarás la curación. UCDM se volverá más sencillo y más divertido; las lecciones más difíciles se convertirán en tus mejores amigas. La resistencia es sólo un badén reductor de velocidad sobre el que tendrás que pasar para ir a la fiesta. Pero la fiesta continúa y tú estás en la lista de invitados.

2. **Estudia el *Texto* de la manera y en el orden que tú sientas.**

   Un Curso de Milagros es holográfico. Cada frase contiene la esencia del todo. A excepción de las lecciones del *Libro de ejercicios*, el material no es necesariamente lineal. Algunas personas creen que han de leerse el *Texto* palabra por palabra, de arriba abajo, del principio al fin. Si así lo sientes, funcionará. Pero también puedes estudiar el *Texto* y el *Manual para el maestro* en cualquier orden que te plazca. Te recomiendo que lo leas todo, puesto que cada frase contiene joyas que descubrir. *Cómo* lo hagas es cosa tuya.

   Revisa diferentes secciones del *Texto* y del *Manual para el maestro* si te sientes con ganas de hacerlo. O simplemente abre una página cualquiera y consigue el mensaje que necesitabas oír. El Espíritu Santo te hablará a través de cualquiera de las palabras que leas. Si estás abierto y preparado, la frase más breve será toda una inspiración para ti. El *Texto*, aunque pueda parecerte intelectual, es mucho más profundo que la mente. Cuando estudias UCDM, estás haciendo una inmersión mental en *una conciencia*, no sólo en información. El objetivo del *Curso* es alcanzar un estado de conciencia. Estudiar el *Texto* tal como tú lo sientas te ayudará a conseguirlo.

3. **Minimiza tu resistencia.**

   Otra forma de manejar la resistencia del ego es minimizándolo. ¿Qué le dirías a un niño que tiene miedo? ¿Le avergonzarías, le pegarías, le forzarías a hacer lo que le asusta? ¿O te arrodillarías para estar a su misma altura, le cogerías las manos, le mirarías a los ojos, le preguntarías de qué tiene miedo y le ayudarías a entender que él es más grande que ese miedo? La amabilidad cura y el trato con el ego no es una excepción a este principio.

   El ego cree que su trabajo es protegerte de las amenazas. Está decidido a desempeñar el papel que considera suyo, porque está convencido de que su vida y la tuya dependen de ello. Si intentas plantarle cara al ego directamente y resquebrajarlo, subyugarlo, negarlo, luchar contra él, rebajarlo o menospreciarlo, no se limitará a no estar de acuerdo contigo y marcharse. «[...] no puedes escaparte de él humillándolo, controlándolo o castigándolo» (T-4.VI.3:8). Si se siente atacado hará lo que haría cualquier ego de sangre caliente: un despliegue de fuerzas, inflamarse y luchar con más dureza que nunca.

Dile a tu ego que no pretendes hacerle daño y que puede seguir haciendo el trabajo que tanto le gusta. Tranquilízalo diciéndole que tu intención es ayudarle a que luche menos y se relaje más. Asegúrale que no le estás amenazando. Ahora sólo hay una cosa más que debes hacer por el momento (tu lección del *Libro de ejercicios*, meditación, orar o cualquier otra actividad en la que te sumerjas en una realidad superior). Por ejemplo, cuando dirijo un grupo de meditación, les digo a los participantes: «Dejad a un lado vuestras preocupaciones del día durante unos minutos. Si queréis retomarlas cuando hayamos terminado, está bien. Pero, de momento, vamos a concentrarnos en la paz».

Para el ego esto es muy reconfortante. Si fueras un ego probablemente pensarías: *Creo que podré aguantar unos minutos sin esforzarme, después podré volver a mi trabajo.*

Tal vez este razonamiento te parezca infantil, pero recuerda que estás tratando con una entidad que es brillante en cuanto a su capacidad para diseñar complejos esquemas e infantil en cuanto a su necesidad de luchar por su supervivencia.

Respeta a tu ego valorando el trabajo que está haciendo por ti. Tu ego es el que marca la identidad del barco que te lleva por el mar de la vida. Te ayuda a detectar tu posición estratégica exclusiva en el universo. Es un mecanismo de defensa, y funciona. Te ayuda a continuar por el carril correcto de la carretera cuando conduces y a mantenerte a una distancia de seguridad de los acantilados. Así que agradécele todos sus esfuerzos para mantenerte con vida y concentrado en tu viaje como humano. Apreciar a tu ego hará que tú y él os sintáis mejor y que se despeje el camino para trascenderlo.

Si trabajas con el ego de manera suave y gradual, en vez de atacarlo con un ariete y tratar de aniquilarlo, conseguirás mejores resultados que si le declaras la guerra. Cuando le declaras la guerra al ego, ya ha ganado, porque él se caracteriza por su afán de lucha. Si le envuelves en amor, te situarás por encima de él y podrás dominar la resistencia que ofrece. Cuando el amor y el miedo se encuentran, sólo queda el amor.

4. **Observa cuándo y cómo surge la resistencia y qué forma adopta.**
Gran parte de la actividad que tiene lugar en el mundo es para intentar huir del miedo. En realidad, nuestro propósito es huir del miedo. Pero *cómo* huimos del miedo es lo que marca la diferencia entre si vamos a tener éxito o no. Puedes apartar a un lado al ego sustituyendo una distracción por otra, pero así no consigues huir. O puedes huir hacia la verdad, que es la que otorga la auténtica libertad.

Muchos hábitos y adicciones son formas de resistencia, búnkeres *aparentemente* seguros para evitar el sufrimiento, pero muy *eficaces* contra el amor. A continuación menciono algunas de las formas en que nos protegemos del dolor: trabajar sin parar, esforzarnos constantemente para demostrarnos algo a nosotros mismos, patológicamente ocupados, comer por ansiedad, alcoholismo, drogadicciones, compras compulsivas, sexo compulsivo, azúcar y chutes de adrenalina, mirar la televisión o estar enganchado al ordenador como si estuvieras hipnotizado, mandar constantemente mensajes de texto, no parar de hablar, limpieza obsesiva, analizar las cosas en exceso, cotillear, pelear y dramatizar. Uno de los ejercicios que mejores resultados me ha dado siempre que he dirigido un seminario es pedir a los participantes que se pregunten y respondan a «¿Cómo medicas tu dolor?» Los participantes mencionaron todos los ejemplos que he dado y más. Éste, en concreto, no se trataba de un seminario para adictos, delincuentes o enfermos mentales. Eran miembros de la sociedad sanos, que actuaban con normalidad y eran productivos. Sin embargo, todos tenían el suficiente sufrimiento en sus vidas como para necesitar entregarse a una ilusión u otra para minimizar su malestar.

El primer paso para superar la resistencia es *reconocer tu conducta de resistencia*. Ninguna conducta inconsciente puede perdurar mucho tiempo cuándo la ilumina una conciencia superior. Por ejemplo, date cuenta de cuándo estás abriendo la puerta de la nevera para picar algo aunque no tengas hambre. «Esto es comer por ansiedad», puedes decirte. En ese momento no intentes juzgarte o combatir esa conducta. Sólo obsérvala. O «Acabo de tener una discusión absurda por el dinero» o «He estado aquí sentado con personas que quiero y me he pasado el tiempo mandando mensajes». Identifícate con el *testigo* más que con el *hacedor*. Cuanta mayor perspectiva vayas adquiriendo, más fácil te resultará tomar decisiones saludables. Castigarte por tus conductas no deseadas nunca funciona. El sentimiento de culpa no evita el sufrimiento, que es la causa de la adicción. Todo lo contrario, lo perpetúa. La paz interior es tu mejor aliado en cualquier campaña para mejorar tu vida.

Luego observa los resultados de tu conducta de resistencia. ¿Te está conduciendo realmente adonde tú quieres? El segundo trozo de pastel sabe bien de momento, pero la próxima vez que te subas a la báscula o que te mires al espejo, te darás cuenta de que lo que has pagado pesa más que lo que has ganado (sí, el juego de palabras es intencionado). Mirar la televisión inconscientemente durante horas cada noche puede ayudarte a olvidar tus problemas cotidianos, pero ¿realmente te sientes mejor después de haber estado delante de la pantalla? ¿Te satisface realmente tener relaciones sexuales sin estar conectado emocionalmente con la otra persona? Los postres, la televisión y el sexo cumplen su propósito, pero cuando se convierten en sustitutos de la conexión contigo mismo y con los demás, te distraen de la felicidad que buscas.

Utiliza la misma técnica cuando te enfrentes a la resistencia a *Un Curso de Milagros*. Al principio, limítate a observar la resistencia. Sé consciente de lo que te dice tu ego para evitar que estudies o apliques el *Curso*. Los correos electrónicos que has de responder, las personas con las que has de hablar, los recados que has de

hacer, las cosas que has de arreglar y las urgencias que has de aten-
der en vez de practicar la lección de hoy... etcétera. Sin juzgar y
sin ofrecer resistencia, date cuenta de las formas en que te distraes
para evitar experimentar la paz interior. Ser consciente es el principio de la curación. Al cabo de un tiempo tu resistencia irá debi-
litándose, perderá su poder para distraerte y estarás en mejor
situación para tomar decisiones que realmente te ayuden, como
dominar *Un Curso de Milagros*.

5. **Cultivar hábitos que realmente te hagan sentir bien.**
    Cuando intentas deshacerte de algo, centras tu energía en la
conducta indeseada; con ello, lo único que consigues es alimentar-
la y ampliarla. Por lo tanto, sustitúyela por otra actividad que te
vaya mejor. Volvamos al ejemplo de la radio: imagina que tu conciencia es una radio que siempre está sintonizada con una emisora
u otra. Si no te gusta la emisora que has sintonizado, gritar o gol-
pear la radio no la detendrá. Es mucho más fácil cambiar de emisora y sintonizar otra que te guste más.
    —He estado fumando hierba cada día durante diez años. He
intentado dejarlo muchas veces, pero nada me ha funcionado —me
dijo una estudiante.
    —Entonces, no intentes dejarlo —le respondí.
    Puso cara de sorpresa.
    —¿Qué actividades realizas con las que te sientes mejor que
fumando hierba? —le pregunté.
    —Me gusta hacer yoga, meditar y venir a tus clases.
    —Entonces, concéntrate en hacer yoga, meditar y venir a las
clases —le dije—. Por el momento, olvídate del hábito de fumar
hierba y presta atención a las actividades que tienen frecuencias
vibratorias más elevadas. Así, los hábitos con frecuencias más den-
sas desaparecerán espontáneamente.
    Cuando volví a ver a esta mujer al cabo de unos meses, me
dijo: «Me ha funcionado el consejo que me diste. Me siento de
maravilla haciendo las cosas que me gustan y he perdido interés
en la hierba. Hace mucho que no fumo».

Cuando cultivas actividades que realmente te aportan felicidad, te estableces en el ámbito del alma. Observa lo bien que te sientes cuando sintonizas con la paz y la liberación que te ofrece UCDM. Dejar ir los sentimientos negativos es mucho mejor que aferrarse a ellos. Ver a Cristo en tu hermano es mucho más agradable que ver al demonio. Ser amable contigo mismo es mucho mejor que autocastigarte. Simplemente, sigue haciendo aquello con lo que te sientas mejor, y lo que es menos que lo mejor irá desapareciendo gradualmente de tu experiencia.

No te creas todo lo que piensas

Una vez fui invitado a un programa de radio dedicado a temas transformacionales, y una de las personas que llamó preguntó: «¿Por qué la gente se pone tan furiosa al volante?»

—Porque la gente quiere enfadarse y el tráfico es una buena excusa —respondió el anfitrión.

La respuesta del anfitrión fue una ilustración perfecta de la lección de UCDM «Nunca estoy disgustado por la razón que creo» (L, Lección 5). Elegimos enfadarnos porque nos parece más atractivo que la paz. Los acontecimientos no nos hacen enfadar. Somos nosotros los que nos enfadamos y luego asignamos la causa a los acontecimientos. Con la misma facilidad —mucho *más* fácilmente— podríamos elegir la paz. «Elijo el júbilo de Dios en lugar del dolor» (L, Lección 190).

Durante un seminario que impartí para residentes en un centro donde se hacen retiros que se encuentra en una zona rural, Barbara, una de las participantes, tenía muchas quejas: «Mi habitación no tiene suficiente ventilación... Mi cama es demasiado pequeña... No me gusta mi compañera de habitación...», etcétera. Al final del retiro, empecé a dudar de si había elegido el lugar correcto o debería haber optado por un hotel de más categoría.

Después del retiro, Barbara se fue con otra participante a pasar varios días a un lujoso complejo vacacional en la exclusiva zona de las playas del sur de Maui, donde pagaba 500 dólares al día. Al cabo de un tiempo, hablé con la mujer que la había acompañado.

—¿Qué tal el complejo vacacional? —le pregunté.

—Me encantó —respondió—. Pero mi compañera no paraba de quejarse. Le encontró un millón de defectos.

Barbara llevaba consigo su conciencia allá donde fuera. La casa rural no era lo bastante buena, pero el lujoso complejo de vacaciones tampoco. Veía el mundo bajo el prisma de «no es lo bastante bueno».

Estar enfadado es una actitud que elegimos para filtrar las experiencias. Participas en lo que te molesta. El ego del mundo se construye sobre quejas; por lo tanto, utiliza y utilizará todo lo que vea como excusa para quejarse. Está convencido de que al lamentarse gana, cuando en realidad está perdiendo. El Ojo Espiritual ve las cosas desde otro ángulo. Ve todas las cosas como una razón para estar agradecido, como la vía más rápida hacia el éxito y la realización personal.

La resistencia no te sucede, sino que la eliges porque crees que con ello obtienes algún valor. Cuando el valor que percibes con el bienestar exceda al valor que percibes con estar enfadado, habrás conquistado la paz interior.

Conserva el cambio

El ego se refugia en la familiaridad y se siente amenazado por el cambio. Prefiere malo conocido que bueno por conocer. Ésta es la razón por la que tantas personas aguantan relaciones abusivas. La relación, aunque sea dolorosa, al menos es predecible. El ego equipara predecibilidad con seguridad, aunque lo predecible sea desastroso. Para el Espíritu Santo, Quien valora la paz interior más que el sufrimiento, este sistema de pensamiento es demencial. Pero también lo es todo el sistema de pensamiento ilusorio del ego.

El ego se resiste activamente a cualquier intento de alterar el mundo que ha creado. Lo que no te dice el ego es que el mundo que ha creado te está matando. Y cuando sucede algo que pone en peligro su mundo, hará *cualquier cosa* para evitar que tomes la iniciativa y te liberes. Normalmente, cuanto mayor sea el cambio para mejor, mayor será la urgencia, el drama o el inconveniente que creará el ego. Pero el ego no puede detenerte a menos que se lo permitas. Tú sigue adelante, pues a pesar de sus intentos de sabotear tu progreso, triunfarás. Hay un proverbio árabe que dice: «El perro ladra, pero la caravana sigue».

El Espíritu Santo contempla el cambio de un modo muy distinto. Le da la bienvenida, lo celebra y hace un uso positivo de él. El *Manual para el maestro* nos dice: «Se necesita haber aprendido mucho para poder llegar a entender que todas las cosas, acontecimientos, encuentros y circunstancias son provechosos» (M-4.I.A.4:5); y «[...] y la confianza sigue siendo la piedra angular de todo el sistema de pensamiento del maestro de Dios» (M-4.III.1:6). El *Texto* afirma: «[...] la confianza podría resolver cualquier problema ahora mismo» (T-26. VIII.2:3). Cuando un amigo mío estaba en pleno proceso de divorcio, cogió un puñado de papeles y escribió «CONFIANZA» en mayúsculas en cada página. Luego esparció las páginas por el suelo y se tumbó encima de ellas, representando simbólicamente su inmersión en un campo de confianza. Su divorcio fue amistoso, al final se volvió a casar y creó una familia encantadora con la que ahora vive muy feliz. Define todo cambio como bueno, aunque de momento no veas la bendición. Está ahí y acabará revelándose. El poeta hindú Rabindranath Tagore dijo: «La fe es el pájaro que siente la luz y canta cuando todavía no ha amanecido».

Todos somos maestros de la distracción. Todos somos adeptos a complicar las cosas sencillas y a estropear lo que está bien. El mundo es un gran juego malabar, confunde la realidad con las apariencias y hace que el sufrimiento resulte más atractivo que la paz. Hablar con segundas está socialmente aceptado como sustituto de la comunicación, y creemos que cuando otros pierden nosotros ganamos. Huimos de la luz y nos escondemos en la oscuridad. Creemos que lo real que hay en nosotros es falso y que lo falso es real. Pensamos que si los demás supieran cómo somos realmente, saldrían huyendo, mientras que si realmente conocieran nuestra realidad, nos amarían eternamente. Nos hemos engañado a nosotros mismos haciéndonos creer que somos increíblemente pequeños.

Sin embargo, el sabor de la libertad ya ha rozado tus labios, y has empezado a sospechar que lo que te han dicho sobre cómo funciona la vida no es cierto. Haces de luz han empezado a atravesar las paredes de la mazmorra, que antaño parecía impenetrable. Estás empezando a darte cuenta de que te mereces algo mejor. Ahora sabes demasiado como para hacer marcha atrás. Puedes quedarte adormilado de vez en cuando, pero ya no puedes dormir con la profundidad de antes. Tu resistencia se está disolviendo y estás más interesado en proseguir el viaje que en aferrarte a la roca que una vez te pareció segura, pero que ahora sientes que te está hundiendo. Las baratijas de la infancia han perdido su atractivo.

Trabaja las lecciones. No sólo las del *Libro de ejercicios* de UCDM, sino todas las lecciones que te presente la vida. La gente, los acontecimientos y las experiencias que aparecen en tu mundo no son porque sí. Están orquestadas por un Poder Superior que te ama de maneras que tú no entiendes. Dios te está tendiendo una mano en todo momento para ayudarte a salir de las arenas movedizas de las tierras bajas y así puedas pisar tierra firme y alta. Abandona la lucha contra la vida y deja que ésta te ame. Los milagros te están buscando. Ahora has de dejarte encontrar.

Hazle sitio a Él, y te encontrarás tan lleno de poder que nada podrá prevalecer contra tu paz.

T-14.XI.15:5

15

Amor eterno

¿Qué harías si tuvieras más tiempo? ¿Qué harías si tuvieras menos tiempo? ¿Qué harías si no te quedara tiempo? ¿Cómo cambiaría tu vida si no hubiera el factor tiempo?

Para la mayoría de las personas el tiempo es un problema porque no creemos que tengamos suficiente. Vemos el tiempo como nuestro enemigo, como algo que nos arrebata valiosos minutos de vida. La gente se estresa por el tiempo, lucha por él, se queja de él («¡Te he entregado los mejores años de mi vida!»), y paga servicios por hora. Las cosas que apreciamos tienen un final. Las personas que amamos, mueren. El tiempo, aunque invisible pero aparentemente sólido como una roca, ejerce su dominio silencioso sobre nuestras vidas.

Un Curso de Milagros contempla el tiempo de un modo muy distinto. Nos dice que nuestro verdadero Ser está más allá del tiempo y que «El propósito del tiempo es que aprendas a usarlo de forma constructiva». Estamos aquí para emplear el tiempo a nuestro favor en vez de dejar que nos aplaste. El tiempo nos ayuda a concentrarnos y a descubrir las diferencias entre los minutos que nos aportan alegría y los que nos aportan tristeza. ¿Cuál es el propósito de cada día? ¿Es trabajar para ganar dinero y pasarlo haciendo infinidad de recados? UCDM aconseja: «Todos los días deberían consagrarse a los milagros» (T-1.I.15:1). Si alguna vez has tenido un día milagroso, en el que todo ha sucedido sin esfuerzo, es que has experimentado el verdadero propósito del día, al que tienes derecho *cada día*.

El tiempo, además, nos incita a que aprovechemos al máximo el espacio entre que llegamos al mundo y nos marchamos. Si ahora tuvieras que abandonar este mundo, ¿estarías satisfecho de cómo has empleado tu tiempo? Si no es así, ¿qué daría sentido al tiempo que te queda? Asimismo, al final de cada día dedica unos minutos a una sincera introspección sobre lo que has hecho hoy con tu día. ¿Qué harías de distinta manera mañana para que tu valioso tiempo contara?

Pedimos una larga vida, pero lo que realmente importa es una vida profunda o los grandes momentos. Que la forma de medir nuestro tiempo sea espiritual, no mecánica.

RALPH WALDO EMERSON

Los amantes se burlan del tiempo

UCDM nos dice que el tiempo es un montaje que hemos creado, un juego al que hemos accedido a jugar. Una invención del intelecto, el tiempo se expande o se contrae según el estado de conciencia que tengamos en cada momento. Se parece más al caucho que al hormigón. Cuando tienes miedo, te sientes presionado, estás estresado o molesto, te parece que tienes menos tiempo. Cuando estás relajado y fluyes con la vida, experimentas más tiempo. Cuando vives totalmente el momento, no hay tiempo. Cuando te adentras en la dicha, te escapas del territorio donde parece que impera el tiempo.

Se dice que «los amantes se burlan del tiempo». Cuando estás enamorado no te preocupas del tiempo. Lo único que te importa es estar con tu amado. ¿A quién le importa el reloj? Cuando tienes miedo, cada segundo que pasa lo hace dolorosamente lento y el agua de la olla que has puesto a hervir no hierve nunca. Así que el secreto de la tiranía del tiempo es estar enamorado. No me refiero sólo a un amor romántico, sino al estado de conciencia de que el amor está por todas partes y que tú estás en el centro. Para sumergirte en ese estado de conciencia expansivo, deléitate en la poesía extática de embriagados de Dios como Rumí, Hafiz y Kabir.

Los indígenas tienen un sentido del tiempo muy diferente al de las culturas más mecanizadas. Las personas que están en contacto con la tierra viven en el aquí y el ahora. El tiempo es un factor muy irrelevante en sus vidas. Cuando vivía en Fiji, teníamos a un nativo para que nos ayudara con el cuidado de la propiedad. Una vez le dije: «Quizás algún día construiremos un muro de piedra allí». Entonces me preguntó: «¿Quiere que lo haga ahora?» La parte de «Quizás algún día» de la frase parecía no haber quedado registrada en su mente, porque el único día del que era consciente era del que estábamos viviendo. No tenía el concepto de futuro. Sólo el del ahora. Los fijianos no saben las fechas de sus cumpleaños, ni tampoco las de sus hijos. ¿Qué importancia tiene? Si no es ahora, no es.

> ¿Cómo iba a poder existir un mundo de espacio y tiempo, si tú sigues siendo tal como Dios te creó?

L-132.9:4

Listo ahora

UCDM nos invita a salir del tiempo para adentrarnos en la eternidad. La eternidad no es un lugar al que vas después de morir. Es una realidad expandida que existe ahora. Ahora es lo más cerca en el tiempo que estás de la experiencia de eternidad. No puedes alcanzar la eternidad a través del tiempo. No existe la progresión de jueves, viernes, sábado… eternidad. La eternidad no empieza cuando acaba el tiempo. Ya está aquí, dándonos la bienvenida para que nos adentremos en ella cuando estemos preparados.

> ¿Por qué esperar al Cielo? Se encuentra aquí hoy. El tiempo es la gran ilusión de que el Cielo se encuentra en el pasado o en el futuro. Mas esto no puede ser cierto si el Cielo es el lugar en el que la Voluntad de Dios dispone que Su Hijo esté. ¿Cómo iba a ser que la Voluntad de Dios estuviese en el pasado o aún por cumplirse? Lo que Él dispone está aquí ahora mismo […]

L-131.6:1-6

Las religiones enseñan que si eres lo bastante bueno un día alcanzarás el cielo. UCDM te garantiza que tienes derecho a entrar en el cielo ahora porque *ya* eres lo suficientemente bueno. Jesús dijo: «El reino de los cielos está dentro de ti» (Lucas 14:17); «Venid, porque ya todo está preparado» (Lucas 14:17); y «¿No decís vosotros: "Todavía faltan cuatro meses, y después viene la siega"? He aquí lo que yo os digo: alzad vuestros ojos y ved los campos que ya están blancos para la siega» (Juan 4:35). Puedes evaluar la veracidad de una religión o camino espiritual por la magnitud de la distancia que establece entre tú y el cielo que te mereces. Cuanto mayor es, más se ha alejado de la verdad. Cuanto menor, más cerca está de la verdad. Cuando no existe esa distancia, estás en casa.

Cómo usan el tiempo el ego y el espíritu

El ego usa el tiempo como táctica para posponer la experiencia de unidad. El novelista Ray Cummings dice que el tiempo es «lo que evita que todo suceda a la vez». Todo lo que ha existido alguna vez, sigue existiendo, existirá, y todo lo que podría existir, existe ahora. El universo es holográfico. La totalidad está comprendida en cada parte. Todo está aquí y ahora. El ego inventó el tiempo para apartar lo que ya existe ahora, del mismo modo que usa el espacio para distanciarnos de lo que ya está aquí. En el ámbito del Espíritu, las separaciones debidas al tiempo y al espacio no existen. Sin las divisiones de tiempo y espacio del ego, tendríamos todo lo que deseamos aquí y ahora. *Seríamos* todo lo que deseáramos aquí y ahora. Entonces no habría deseo ni espera, porque con este estado de conciencia nos *convertiríamos* en lo que deseamos.

El maestro de la recontextualización llamado Espíritu Santo no se amedrenta por el uso que hace el ego del tiempo como instrumento separador. La Conciencia Superior pone en marcha la ilusión del tiempo a nuestro favor redefiniéndolo como una ayuda para que nos concentremos. Cuando usamos el tiempo para descubrir, disfrutar y expresar la santidad de la vida, se convierte en nuestro amigo. Cuando realizas actividades que son importantes para tu alma, te sientes realizado. El tiempo se convierte en un bien siempre que lo sitúas en el altar de la curación, en vez de intentar perseguirlo o huir de él. La palabra *deadline* [literalmente, línea de la muerte, fecha tope] es una buena descripción de cómo usa el ego el tiempo para asustarte y someterte. El Espíritu Santo, por el contrario, sólo usa *lifelines* [literalmente, líneas de vida], cuerdas de salvamento. Para el ego el tiempo es un tirano implacable. Para el Espíritu, es nuestro amigo, que nos llama para recibir el regalo que nos ofrece cada momento.

> Si hoy consigues tener el más leve vislumbre de lo que significa el amor, habrás salvado una distancia inconmensurable hacia tu liberación y te habrás ahorrado un tiempo que no se puede medir en años.

> L-127.7:1

No existe el miedo en el presente

El miedo siempre es por los acontecimientos futuros. Si estás asentado en el momento presente, no puedes tener miedo. La realidad sólo puedes experimentarla ahora. Puesto que el amor es la única realidad, el único momento para encontrarlo es ahora. Todos los demás usos del tiempo son distorsiones que te volverán loco si consientes en ellos.

Un día, mientras caminaba por el bosque, miré al suelo y me di cuenta de que estaba a punto de pisar una serpiente de cascabel. Retrocedí rápidamente de un salto. La serpiente de cascabel, que tampoco parecía muy entusiasmada de verme, se metió entre unos arbustos. Cuando pensé en lo cerca que había estado de tener un grave accidente, me estremecí de miedo. Pero en el momento de ver a la serpiente y apartarme de un salto, no hubo miedo. Instintivamente, supe lo que tenía que hacer y lo hice. Sólo apareció el miedo cuando mi mente interfirió. Esta experiencia me enseñó que el miedo nunca es necesario. Si estás en una situación de riesgo, sabrás lo que tienes que hacer y lo harás. La amenaza psicológica es mucho más peligrosa que la física porque te arrastra al lodo de la angustia, que nada tiene que ver con lo que está sucediendo en el momento. Si tienes miedo pregúntate: «¿Estoy bien aquí y ahora?» Casi siempre la respuesta será «sí». Si no estás bien aquí y ahora, pregúntate: «¿Qué debo hacer en este momento para manejar la situación sin que el miedo me arruine el plan?» El miedo y el drama no son necesarios ni útiles. La confianza y la conexión con la Fuente son tus mejores aliados para desenvolverse por cualquier situación.

Si tienes miedo, deja en paz ese sentimiento y obsérvalo. Identifícate con el observador que permanece separado del miedo, en lugar de identificarte con el que lo experimenta. No acumules estrés ni te consideres un fracasado por sentirlo. Forma parte de la experiencia humana. Pero hay algo más que la experiencia humana. La experiencia divina es un derecho de nacimiento y es tu destino. Establécete en el ahora y el miedo perderá su poder sobre tu vida.

Portales a la eternidad

Mientras vivas en el tiempo, conviértelo en tu amigo. Sintoniza con *kairos*, la palabra griega que significa «en el momento oportuno de Dios», en vez de hacerlo con *chronos*, los segundos, los minutos y las horas que marca tu reloj. El *momento oportuno* es más importante que el tiempo, y no importa si tienes mucho o poco, siempre tienes el momento oportuno.

Un momento celestial, aunque estés en la tierra, es el portal hacia la eternidad. Busca todos los días los máximos portales hacia la eternidad que te sea posible. Cualquier momento en que estés en paz o seas feliz es un portal a la eternidad, porque el distintivo de la eternidad es el bienestar. Puedes entrar fácilmente en realidades paralelas con un pequeño cambio dimensional. La clave está en escoger tu realidad *conscientemente*, en lugar de esperar o tener la esperanza de que el bien vendrá a ti. Ve al lugar de tu conciencia donde el éxito que buscas *ya* es una realidad, y eso acelerará su manifestación en el tiempo. Todo lo bueno que estás buscando ya existe. No es una cuestión de tiempo, sino de atemporalidad.

Si quieres recordar la eternidad, debes contemplar sólo lo eterno.

T-10.V.14:5

16
Sano, rico y sabio

—Hace algunos años me diagnosticaron sida, cáncer y leucemia —dijo un joven en uno de mis seminarios—. No me extrañó. Un año antes mi amante había muerto en un accidente de coche. Recuerdo que yo le decía a la gente que sin él no creía que fuera capaz de sobrevivir. Al tener que enfrentarme con semejante diagnóstico, me di cuenta de que me encontraba en una encrucijada entre la vida y la muerte. Practiqué la oración y la contemplación profundas y decidí que sí quería vivir. Elegí liberar mi ira hacia mi compañero por haberme dejado y hacia el mundo por habérselo llevado. Estaba preparado para pasar página y dar un nuevo propósito y sentido a mi vida.

Todo el público estaba en el más absoluto silencio, todos escuchaban atentamente el relato de ese joven.

—Acabo de ver a mi médico y me ha dicho que no ha encontrado rastro de dichas enfermedades en mi cuerpo. Me ha dado el alta definitiva —añadió tomando una bocanada de aire.

Algunas personas creen que como *Un Curso de Milagros* enfatiza constantemente la importancia del espíritu y le resta importancia al cuerpo, no le importa si estás sano o no, ni si deberías estarlo. *No es cierto*. El *Curso* quiere que disfrutes de vitalidad y bienestar en todos los niveles: físico, emocional, mental y espiritual. No ve valor alguno en la enfermedad ni te pide que sufras. No te pide que renuncies a tu cuerpo, ni que lo niegues, menosprecies, le hagas pasar hambre o lo sacrifiques. Todo lo contrario, UCDM quiere que mantengas tu cuerpo sano, en una condición de productividad en la que te puedas sentir bien, que pueda ser un vehículo a través del cual el Espíritu sea capaz de manifestarse en el mundo y que los demás puedan ver la luz que brilla a través de ti.

¿Cómo creamos y gozamos, entonces, de este grado de bienestar? La Lección 135 del *Libro de ejercicios* lo expone claramente. Esto es lo que dice del cuerpo:

> No necesita complicadas estructuras que lo defiendan, ni medicamentos para conservar la salud, ni cuidados, ni que te preocupes por él en absoluto [...] El cuerpo se mantendrá fuerte y saludable si la mente no abusa de él asignándole funciones que no puede cumplir [...] El cuerpo [...] para convertirse en un instrumento saludable y útil a través del cual la mente puede operar [...] Cuando se utiliza con este propósito, la salud está asegurada. Pues todo aquello de lo que la mente se valga para tal fin funcionará perfectamente y con la fortaleza que se le ha otorgado, la cual no puede fallar.
>
> Extracto de L, Lección 135.5,8,13

El bienestar es la voluntad de Dios, no la enfermedad. Trasciende cualquier creencia de que te mereces tener mala salud. No utilices el dolor o la enfermedad como justificación para autocastigarte mientras le adjudicas a Dios el papel de castigador. Dios jamás ha hecho enfermar a nadie. Somos nosotros los que nos enfermamos pensando, sintiendo y actuando en desarmonía con nuestra propia naturaleza. Ganamos salud cuando sintonizamos con la voluntad que el Espíritu tiene para nosotros, que no es otra cosa que el amor.

> La salud es el resultado de abandonar todo intento de utilizar el cuerpo sin amor.
>
> T-8.VIII.9:9

El cuerpo como instrumento de comunicación

El *Curso* nos dice que el único propósito del cuerpo es ampliar la presencia del amor en el mundo. Cuando estás sano y feliz, tu cuerpo refleja el bienestar característico del cielo. Sin embargo, el cuerpo no es en sí mismo la puerta de entrada al lugar sagrado, sino tu espíritu. Pero en un mundo donde la gente cree en los cuerpos, el cuerpo puede usarse para indicarnos lo que hay más allá de él.

Tu cuerpo también te indica qué grado de sintonización tienes con el flujo de bienestar y dónde has dejado de estar en sintonía. La enfermedad es un indicativo de que existe un bloqueo en la circulación de la fuerza vital. Cuando experimentas una enfermedad, el bloqueo ya se había producido antes a nivel mental y emocional. Tu cuerpo no es la causa de tu mente ni de tus emociones; es su efecto. La enfermedad es un aviso para que despiertes y localices dónde se ha producido la obstrucción de la circulación energética, y lo que es aún más importante, descubrirás qué cambios de actitud y/o estilo de vida necesitas para restaurarlo. Cuando tu cuerpo esté en sintonía con el Espíritu, la ley universal te mantendrá con buena salud.

Ninguna condición física negativa tiene por qué ser permanente. No hay ninguna enfermedad que conduzca siempre a los mismos resultados. Cada persona la experimenta según su estado de conciencia. Hay muchas personas que se han curado de todo tipo de enfermedades. Cuando cambias el estado de conciencia que provocó esa enfermedad, la causa desaparece, y también sus efectos. Como he dicho antes, tu cuerpo es más líquido que sólido, física y metafísicamente, se está recreando a sí mismo según tu flujo de conciencia en cada momento. Si cambia ese flujo, también cambia el cuerpo.

La curación genuina va mucho más allá de la condición física. Las personas que tienen alguna discapacidad pueden ser grandes maestras en enseñar que su espíritu es más real que su cuerpo. Aunque sus capacidades físicas puedan estar reducidas, sus almas resplandecen. Demos gracias por aquellos que irradian la presencia del amor y de la vida, a pesar de sus aparentes limitaciones. Son maestros de Dios. Que todos superemos todas nuestras limitaciones. Que nuestros cuerpos y mentes reflejen la luz que en realidad somos. Que todos disfrutemos de la sanación y el bienestar que nos merecemos como hijos de Dios.

El secreto de la curación

Jesucristo, al igual que todos los agentes de transformación, pudo curar porque su visión de la integridad de sus pacientes era más poderosa que la creencia que éstos tenían de su propia enfermedad. Él entendía que la enfermedad era el resultado del pensamiento erróneo, no un hecho puro y duro. Si Jesús hubiera atribuido realidad o poder a la enfermedad y a la muerte, no hubiera podido curar a los enfermos ni resucitar a los muertos. («Sólo los que ven lo que no se puede ver pueden hacer lo imposible.») La conciencia de Jesús estaba tan arraigada en la invulnerabilidad del Espíritu que los que estaban cerca de él se elevaban al estado de conciencia expansivo donde residía. Cuando sintonizaban con esa nueva frecuencia, se curaban.

Muchas de las aseveraciones de Jesús, tal como están recogidas en el Nuevo Testamento, afirman los principios de los milagros como los expone UCDM:

- Cuando tu visión es unidireccional, todo tu cuerpo se llena de luz (Lucas 11:34).
- Por consiguiente, sé perfecto como lo es tu Padre Celestial (Mateo 5:48).
- Eres la luz del mundo. Una ciudad en una colina no puede ocultarse (Mateo 5:14).

La curación es el resultado de un cambio de la conciencia de separación a la de unidad, el regreso a tu verdadero Ser. Conozco a una mujer que tenía problemas de visión desde hacía muchos años. Fue a un sanador que le dijo que contemplara la perfección de todas las cosas.

Practicó la visión de la perfección y sus problemas de visión desaparecieron por completo. Su visión física sintonizó con su visión espiritual.

También conozco a una pareja que tuvo una hija con un pie equinovaro, es decir, que estaba girado hacia la derecha respecto al otro. Tras muchos exámenes médicos y radiografías, los médicos dijeron a los padres de Jessica que necesitaría una serie de operaciones y aparatos de sujeción hasta que cumpliera los seis años. Antes de su primera intervención, su tía conoció a un sanador guatemalteco durante un vuelo. Le invitó a una fiesta en casa de Jessica, donde rezó durante un minuto sobre el pie de la niña. Cuando los padres la llevaron para que le hicieran las radiografías preoperatorias, los médicos se quedaron atónitos. Les dijeron que su deformidad del pie había desaparecido. Se había corregido por completo. Jessica creció sana y feliz.

Ha habido muchos sanadores sobre la tierra y muchos se encuentran actualmente entre nosotros. Llevan distintos disfraces, hablan diferentes idiomas y pertenecen a distintas tradiciones. Sin embargo, los principios de la sanación son universales: *ve perfección donde otros ven límites. Ve integridad donde otros ven división. Ama cuando otros teman.* Ésta es la fórmula. Todos los demás detalles e instrucciones te serán dados cuando los necesites.

Todo es tuyo eternamente

Tanto la salud como la riqueza son signos y símbolos de que vivimos en un universo de abundancia, cuyos recursos infinitos te pertenecen. En este sentido, *Un Curso de Milagros* es el manual de la prosperidad por excelencia. El *Curso* no deja lugar a dudas cuando afirma que tienes derecho a las riquezas y al bienestar del universo. Te identifica como el heredero de todo lo que es y posee el Padre celestial. Nos incita a cada uno a que recordemos: «*Y así, todas las cosas me son dadas para siempre* [...] *No puedo perder, pues sólo puedo dar, y así, todo es mío eternamente*» (L-343.1:7,11).

A diferencia de muchos cursos que tratan sobre la prosperidad, UCDM no te dice cómo puedes conseguir las cosas. Te enseña a obtener paz. El dinero no es la única medida de la riqueza y tener cosas no significa que seas feliz. Sólo la felicidad se puede equiparar a la felicidad. Sin embargo, las bendiciones de Dios se manifiestan en la tierra como en el cielo. Cuando estás establecido en la serenidad del alma, estás en una actitud perfecta para atraer todo lo que necesitas, y que la gracia se encargará de suministrarte. «Ciertamente el bien y la misericordia me seguirán todos los días de mi vida [...]» (Salmos 23:6).

En una ocasión fui copresentador de un seminario con Neale Donald Walsch, el autor de la popular serie de *Conversaciones con Dios*. Un participante le pidió a Neale que le diera una técnica que le ayudara a hacer aparecer un coche. Él le respondió: «Eso sería más apropiado para un taller introductorio. Este seminario no es para enseñarte a conseguir un coche. Es para que aprendas a vivir en la conciencia de la divinidad».

Neale no estaba intentando disuadir al hombre de conseguir su coche. Simplemente, le estaba diciendo que pusiera orden a sus prioridades, que *creara de dentro hacia afuera*. Cuando mores en la mentalidad de la riqueza, tendrás un coche y todo lo que necesites sin esfuerzo y sin tener que luchar por ello. La *experiencia* de la riqueza, no de las posesiones, es lo que te enriquece. La mayoría de las personas creen que «Si puedo conseguir el coche, me sentiré rico». Es posible. Sin embargo, los principios de la abundancia universal actúan a un nivel mucho más profundo: si eres capaz de reconocer la riqueza que ya posees, el coche aparecerá como una manifestación de tu mentalidad de riqueza. Igual que sucede con el amor, no hay requisitos previos externos para experimentar riqueza. Todas las riquezas que puedas llegar a desear ya existen justo donde te encuentras ahora. «Recuerda que no careces de nada [...]» (T-4.IV.3:3).

Cuando un poco se convierte en mucho

La historiadora cinematográfica Katherine Orrison narra un emotivo incidente que tuvo lugar durante el rodaje de *Los Diez Mandamientos*. El célebre director Cecil B. DeMille era famoso por su meticulosidad en preparar cada una de las escenas antes de empezar a rodarlas. Al igual que las tablas de los Diez Mandamientos, los guiones de DeMille estaban grabados en piedra. Pero se produjo una excepción mientras el equipo se hallaba rodando en el desierto de Egipto, donde DeMille conoció a una tribu de beduinos. Una mujer de la tribu le ofreció a él y a su equipo todo lo que su tribu tenía, que no era mucho. DeMille quedó tan impresionado por su humilde generosidad que introdujo una línea nueva en su guion. Cuando Moisés es expulsado de Egipto y conoce a la pastora Séfora, ésta le dice: «Poco podemos ofrecerte, pero es todo lo que tenemos». Moisés, que había gozado de la opulencia de Egipto como hijo adoptivo del faraón, quedó tan conmovido por el espíritu de riqueza que la pastora le había demostrado que le pidió si quería ser su esposa.

La generosidad genuina es la del espíritu. Es el sentimiento de estar bendecido con suficientes cosas buenas y ser feliz de bendecir a los demás con tu riqueza. «Mi copa está rebosando» (Salmos 23:5). Hago coaching a personas que dicen desear ayudar a otras personas, pero que tienen poco o ningún dinero para hacerlo. Yo les digo que hay infinidad de otras formas de ayudar sin contribuir con dinero. Puedes dar tiempo, talento, atención, escucha, compasión, servicio, espacio, sabiduría o destreza. El dinero es tan sólo una de las formas de apoyo. La entrega del espíritu es la mayor riqueza que puedes dar.

Cuando sabes que tienes suficiente para ti, sabes que tienes suficiente para dar. Para saber que *tienes* suficiente, has de saber que *eres* suficiente. UCDM nos recuerda una y otra vez que la mayor riqueza es recordar nuestra identidad espiritual. «Ahora quiero ser tal como Dios me creó» (L, Lección 237).

Regalos del mundo y regalos de Dios

Puedes distinguir los regalos del mundo de los regalos de Dios haciendo una sencilla prueba: cuando haces un regalo al mundo, tú tienes menos y alguien tiene más. Cuando haces un regalo de Dios, dador y receptor ganan por igual. Los regalos del mundo son cosas físicas. Los regalos de Dios son experiencias energéticas.

Cuando das amor, amabilidad, paciencia o perdón, ganas la experiencia del regalo que estás haciendo en el momento en que lo haces, de modo que estás tan bendecido como el receptor. Los únicos regalos que vale la pena hacer, dice UCDM, son los regalos de Dios, que se expanden cuando los compartes. «*Sanaré a medida que le permita enseñarme a sanar*» (T-2.V.A.18:6).

Tu mina de oro

Has nacido para prosperar, no sólo para sobrevivir. Una salud espléndida y la riqueza abundante son tu estado natural. La disfunción y la deficiencia, por normales que parezcan, son anomalías. UCDM nos insta a purificar nuestra comprensión de la voluntad de Dios, que siempre es gozo, jamás sufrimiento; siempre es proveer, jamás sustraer. El *Curso* nos pide que depositemos nuestra fe en la capacidad que tiene Dios para dar, más que en nuestra voluntad para aceptar. La gracia es nuestro estado natural. La pobreza y la enfermedad no tienen cabida en el cielo, ni tampoco en la Tierra que Dios pretendía. El hecho de que estas cosas existan no es consecuencia de una restricción de Dios. Surgen de la ignorancia humana o del rechazo al bienestar que nos corresponde por nacimiento. A medida que va cambiando nuestra actitud mental y vamos aceptando los dones que se nos ofrecen, nuestros almacenes se irán llenando y regresaremos al estado real del que surgimos y al que estamos destinados.

> Éste es el único regalo del Espíritu Santo, el tesoro al que puedes recurrir con absoluta certeza para obtener todas las cosas que pueden contribuir a tu felicidad. Todas ellas ya se encuentran aquí, y se te dan sólo con que las pidas. Aquí las puertas no se cierran nunca, y a nadie se le niega la más mínima petición ni su necesidad más apremiante. No hay enfermedad que no esté ya curada, carencia que no se haya suplido ni necesidad que no haya sido satisfecha en éste, el áureo tesoro de Cristo.

L-159.6:1-5

¿Por qué no entiendo el *Texto*?

No tienes que entender el *Texto*. Si lo entendieras no necesitarías estudiarlo. Si no entiendes intelectualmente el *Curso*, no te has perdido nada. Se dice que «entender es el premio de consolación». No permitas que el no entender intelectualmente te impida terminar el *Curso*. Toda la comprensión que necesitas se te dará en el momento en que puedas hacer mejor uso de ella.

Lo que el ego «entiende» es en su mayor parte una ilusión. «No entiendo nada de lo que veo [...]» (L, Lección 3). *Un Curso de Milagros* nos conduce al ámbito del alma. El *Texto* te curará antes de que lo entiendas. UCDM comunica más a nivel del corazón que de la mente. Los conceptos intelectuales son los caramelos que mantienen tu mente ocupada mientras el *Curso* te transforma.

Un Curso de Milagros está impregnado del poder de Cristo. Jesús ha infundido energía curativa a cada palabra y cada frase. Cuando lees el *Texto* recibes ideas, algunas de las cuales entenderás. Pero lo más importante es que recibirás paz, que en todo momento reconocerás. Muchas veces he leído frases o pasajes en el *Texto* que no entendía en absoluto. Sin embargo, al terminar, me he sentido profundamente curado y energizado.

Lee el *Texto* y capta lo que puedas intelectualmente. Entretanto, practica las lecciones del *Libro de ejercicios*; éstas harán que los principios del *Texto* cobren vida. Pero, ante todo, deja que tu corazón absorba la esencia espiritualmente. El corazón y el intelecto hablan idiomas diferentes, ambos tienen sustancia y valor en sus respectivos dominios. El lenguaje del amor está más próximo a tu verdadera naturaleza que a la de la mente. Si consigues sabiduría gracias al *Curso*, habrás conseguido un gran regalo. Si consigues amor a través del *Curso*, te habrás encontrado a ti mismo.

17
El soñador y lo soñado

Imagina que estás soñando y que te persigue un oso. En otro sueño te persiguen cien osos. ¿En qué situación corres más peligro?

Antes de responder, reflexiona sobre el primer principio de los milagros:

No hay grados de dificultad en los milagros.

T-1.I.1:1

No hay grados de dificultad en los milagros porque todas las situaciones para las que deseamos milagros que nos rescaten son igualmente ilusorias. Todo son pesadillas, historias ficticias que hemos fabricado con nuestros pensamientos. No puedes vencer a los monstruos de los sueños luchando contra ellos, eso no hace más que reforzar su aparente realidad. La forma más eficaz de hacer que desaparezca un oso de un sueño es despertándose. Asignar grados de dificultad a los milagros es otorgar un poder no merecido a lo que percibimos como dificultades. En la Mente de Dios no hay grados, jerarquías, gradaciones, competiciones o conflictos. Sólo unidad.

Entonces, la respuesta a la pregunta de si corres más peligro cuando te persigue un oso que cuando te persiguen cien es que no corres peligro en ninguno de los dos casos. Por muchos osos que te *parezca* que te están persiguiendo, ninguno de ellos puede herirte porque todos forman parte de un sueño. Muchos osos en un sueño no son más reales que uno solo, ni tienen más poder. Tu seguridad no depende de que huyas de ellos más deprisa, sino de que abras los ojos. Cuando el sueño se esfuma, también lo hace todo lo que había en él.

El *Curso* afirma:

> Los milagros te capacitan para curar a los enfermos y resucitar a los muertos porque tanto la enfermedad como la muerte son invenciones tuyas, y, por lo tanto, las puedes abolir. *Tú mismo* eres un milagro, capaz de crear a semejanza de tu Creador. Todo lo demás no es más que tu propia pesadilla y no existe.

T-1.I.24:1-3

El *Curso* nos está diciendo que no hay enfermedad que pueda hacerte daño, por muy grave que le parezca al mundo. El cáncer no supone mayor amenaza para tu bienestar que un corte en la mano. Ambos estados pertenecen a la materia de los sueños, y como tales ninguno tiene más sustancia que el otro. Desde una perspectiva mundana, esto es absurdo. Según las creencias comúnmente aceptadas, el cáncer pone en peligro tu vida y un cortecito no. No obstante, desde el punto de vista de la conciencia de los milagros, no estás en peligro en ninguno de los dos casos. «No estoy en peligro en ningún lugar del mundo» (L, Lección 244). Puesto que tu verdadera naturaleza es espiritual, ninguna condición o situación terrenal puede alcanzarte, afectarte, cambiarte, deteriorarte o matarte.

Lo que cambia no puede alterarte en absoluto (L-277.1:4). El cuerpo nace y muere. Tu espíritu es eterno. Tu verdadero ser no está sujeto a la enfermedad ni a ninguno de «los golpes y dardos de los caprichos de la fortuna». Todo lo que sea contrario a la vida y al amor es un producto de la fantasía de la limitación. Sólo las creaciones luminosas son reales.

¿Quién ha de despertarse antes?

Ramana Maharshi dijo: «Un soñador sueña que todos los personajes de su sueño han de despertarse antes que él». Esta brillante descripción de la ilusión de la separación curiosamente nos revela el camino directo hacia la iluminación.

El ego enumera un sinfín de requisitos previos para la paz interior. Siempre debe producirse algún cambio en el mundo exterior, en particular en la conducta de otras personas, antes de que puedas relajarte, sentirte a salvo o ser feliz. Tu esposo tiene que dejar de beber, tu esposa debe controlar sus compras, tus hijos han de sacar mejores notas, el vecino de al lado debería dejar de gritar a sus hijos cuando tú estás intentando dormir, adelgazar cinco kilos te hará lo suficientemente atractivo/a para encontrar a tu alma gemela. ¿Y cuándo dejarán de luchar en Oriente Medio?

La paz está siempre al otro lado de lo siguiente que debe cambiar. La lista de requisitos previos del ego para la sanación es lo bastante larga como para garantizarte que jamás alcanzarás tu meta. En cuanto cumplas algunos de los prerrequisitos, aparecerán otros nuevos para ocupar su lugar. De este modo, la felicidad se retrasa continuamente y se perpetúa el descontento. El hecho de que haya muchas personas que estén de acuerdo contigo, que también basan su bienestar en el cambio externo, garantiza la victoria del vacío sobre la satisfacción.

Pero si todos los personajes de tu mundo son sólo actores que viven en tus sueños, no necesitas que cambien ellos ni ninguna otra condición para que tú puedas despertar. Tu libertad depende de que cambies tu forma de pensar.

UCDM nos dice que el único lugar donde buscar la curación está *dentro* de ti y que el único momento para hacerlo es *ahora*. «El Cielo está aquí. No existe ningún otro lugar. El Cielo es ahora. No existe ningún otro tiempo» (M-24.6:4-7). El *Curso* prescinde directamente de todas las ilusiones que nos han enseñado acerca de lo que debemos hacer o de lo que otros deben hacer para complacernos y que podamos así ser felices. «La iluminación es simplemente un reconocimiento, no un cambio» (L-188.1:4). Lo único que siempre se nos pedirá que cambiemos es nuestra percepción. «El Cielo es la alternativa por la que me tengo que decidir» (L, Lección 138).

El objetivo de *Un Curso de Milagros* no es controlar la conducta. Es elevar la conciencia. Al ego le resulta más atractivo intentar cambiar el mundo que cambiar su forma de pensar, porque nunca cambiarás suficientes cosas en el mundo como para que te hagan feliz, y siempre percibirás carencias y motivos de queja. Cambiar tu forma de pensar implica invertir las carencias y quejas desde su origen, y desconectarte de las ilusiones que hacen que tu mundo te parezca tan sólido e imponente.

> ¿Qué importancia tiene en realidad el contenido de un sueño? Pues o bien uno está dormido o bien despierto. En esto no hay términos medios.

L-140.2:5-7

Cuando despiertes, lo recordarás todo

El grupo de rock The Band cantaba una canción titulada *When You Awake,* cuyo estribillo repite que cuando despiertes lo recordarás todo. Me pregunto si sabían que habían captado la esencia de *Un Curso de Milagros.* Todos hemos estado dormidos y todos estamos despertando.

En última instancia, sólo hay un milagro: el cambio de conciencia de la tiranía del miedo a la presencia sanadora del amor. *Parece* que los milagros hayan de ser muchos, porque al parecer hay muchas situaciones en las que hace falta un milagro. Pero el único milagro verdadero es que todo lo que no sea amor no existe y que sólo el amor es real. Todos los demás milagros están a merced de éste.

> Has elegido un sueño en el que has tenido pesadillas, pero el sueño no es real y Dios te exhorta a despertar. Cuando le oigas no quedará ni rastro de tu sueño porque despertarás [...] Cuando despiertes, verás la verdad a tu alrededor y dentro de ti, y ya no creerás en los sueños porque éstos dejarán de ser reales para ti. El Reino, en cambio, y todo lo que allí has creado, será sumamente real para ti porque es hermoso y verdadero.

T-6.IV.6:3-4,7-8

18
El sueño feliz

En el Génesis se dice que «sobre Adán se abatió un sueño profundo» (Génesis 2:21), pero en ninguna parte de la Biblia se hace referencia a que ha despertado (T-2.I.3:6). Todos somos Adán de él todavía dormido, soñando que estamos separados de Dios y los unos de los otros. *Un Curso de Milagros* pretende despertarnos de nuestro sueño, pero no echándonos un cubo de agua fría mientras dormimos, sino apareciéndose en nuestro sueño y guiándonos hacia el umbral de la realidad. El *Curso* trabaja inteligentemente, con tacto y constancia para sacarnos de las ilusiones que nos esclavizan, dando pasitos firmes y coherentes desde el terreno emocional hasta la libertad.

UCDM llama al puente hacia el despertar «el sueño feliz». En el sueño feliz, caminamos por el mundo un poco más, todavía llevando a los niños al fútbol, descargando aplicaciones en nuestro Smartphone, haciendo cola en el banco y pasando nuestro tiempo de formas familiares para el mundo. Sin embargo, el sueño ya no es una pesadilla. Es un sueño de recompensa interior, de sentido y de propósito. El pilar de nuestra vida es la paz de Dios, no la ansiedad y el conflicto. Los acontecimientos, las experiencias y las relaciones mundanas se convierten en instrumentos para ayudarnos a alcanzar el cielo. El mundo se transforma y deja de ser una prisión gobernada por el terror, para convertirse en un templo consagrado al amor.

El Espíritu Santo, siempre práctico en Su sabiduría, acepta tus sueños y los emplea en beneficio de tu despertar. Tú te habrías valido de ellos para seguir durmiendo. Dije antes que el primer cambio que tiene que producirse antes de que los sueños desaparezcan, es que tus sueños de miedo se conviertan en sueños felices.

T-18.II.6:1-3

La respuesta a las ilusiones

El ego no quiere que te despiertes porque teme que el reino que ha creado desaparezca. Y es cierto. De modo que hace lo que siempre hace cuando se enfrenta a la paz: recurre al miedo e intensifica las ilusiones que mantienen la pesadilla. El Espíritu Santo reconoce que hay una parte de nuestra mente que declara la guerra a la curación y nos consuela del siguiente modo:

No temas que se te vaya a elevar y a arrojar abruptamente a la realidad. El tiempo es benévolo, y si lo usas en beneficio de la realidad, se ajustará al ritmo de tu transición. Lo único que es urgente es desencajar a tu mente de la posición fija que ha adoptado aquí. Ello no te dejará desamparado ni desprovisto de un marco de referencia.

T-16.VI.8:1-4

En el sueño feliz, conservamos un sentido de individualidad en el cual vivimos en un cuerpo, experimentamos el contraste e interactuamos con personas que en apariencia están separadas de nosotros. Sin embargo, puesto que elegimos el amor como guía en lugar del miedo, nuestra experiencia del sueño es el júbilo, en lugar de la tristeza. El sol seguirá saliendo y poniéndose, pero nuestros días transcurren en la atemporalidad. Nuestras relaciones son una recompensa para el alma, en vez de un caldo de cultivo para el ataque y la desesperación. Nuestro cuerpo se convierte en un instrumento a través del cual transmitimos la bondad, en lugar de ser un objeto que deba ser adorado por sí mismo. El ego sigue existiendo, pero está a nuestra disposición en vez de acosarnos, pues su propósito se ha convertido en elevar al mundo, en vez de estar machacándonos con juicios, errores y pecados. La película que vemos en la pantalla de las apariencias deja de ser una historia de terror para convertirse en una de amor.

Tras descubrir el sueño feliz, tu propósito ya no es huir del mundo con la excusa de curarte. La vida se convierte en tu amiga. El mundo es nuevo porque tú eres nuevo. Como dijo Marcel Proust, el verdadero viaje de descubrimiento no consiste en buscar paisajes nuevos, sino en tener una visión nueva.

La ilusión y la compasión

En una presentación de un seminario en Japón, un estudiante planteó la siguiente cuestión: «Pregunté a un maestro de UCDM, "¿Cómo podemos asimilar el devastador desastre de 2011, en el que un tremendo terremoto y tsunami acabaron con la vida de miles de personas y causaron una destrucción masiva en nuestro país?" El maestro respondió: "Todo fue una ilusión. En realidad, no sucedió". Pero a mí no me convenció esa respuesta. ¿Qué opina usted sobre ese desastre y otros similares?»

Le dije que la respuesta era técnicamente correcta, pero inútil a corto plazo. Es como una especie de «fundamentalismo de UCDM», que cita la ley al pie de la letra pero no tiene en cuenta el espíritu que hay detrás de esa enseñanza. El propósito de *Un Curso de Milagros* es liberar del dolor a la humanidad. Define curación como la liberación del miedo. El *Curso* reitera muchas veces que su enseñanza ha de ser práctica. Decirle a alguien que acaba de perder a toda su familia en un tsunami, y cuyo hogar y negocio han quedado destruidos en un terremoto, que no ha sucedido nada no alivia el sufrimiento. Semejante respuesta exige que la persona realice un cambio de conciencia extraordinario desde donde se encuentra en ese momento hasta la realidad última más allá de las apariencias. Por el contrario, hay que guiar a la persona al siguiente grado de consuelo. En este caso hace falta compasión, no filosofía.

Un Curso de Milagros es un acto de compasión en su totalidad. Jesús podía haberse quedado sentado en su cielo dorado, a la derecha

204 | UN CURSO DE MILAGROS (fácil)

de Dios y haber decidido dejar que la humanidad se retorciera en su sufrimiento porque «todo es una ilusión» y «en realidad no ha sucedido nada». Por el contrario, se integró en la humanidad y ofreció una enseñanza apta para la condición en la que nos encontramos y que nos ayuda a trascender nuestro estado actual. Un maestro inicia la transformación uniéndose al estudiante, poniéndose a su mismo nivel, en vez de exigirle que sea él quien se ponga al suyo. La meta final es elevar al estudiante al máximo nivel de conciencia, pero eso sucede gradualmente, no exigiendo saltos cuánticos que el estudiante no puede dar en ese momento.

En cuanto a la respuesta a la pregunta del desastre, le dije que yo trabajaría en dos niveles diferentes. Que mantendría la idea mentalmente de que en realidad todo lo sucedido fue una ilusión y que, en última instancia, no existe ni la pérdida ni la muerte. Al mismo tiempo, reconocería que a los que vivieron la experiencia les pareció real, y haría todo lo posible para ayudarles a liberarse de ese sufrimiento de formas tangibles. Donaría dinero, ropa o medicamentos a alguna entidad benéfica; o acudiría como voluntario para ayudar a limpiar el desastre; o proporcionaría alojamiento a los refugiados; o me ofrecería a escucharles, aconsejarles, orar o cualquier otra cosa que pudiera aligerar la carga de los afectados. Eso tendría más sentido y sería más útil que decirles a los que se sentían victimizados que no había sucedido nada. Para esas personas, sí sucedió algo y la compasión requiere acción.

La bondad es el distintivo de la madurez espiritual. Todo el mundo puede filosofar, pero pocos son los maestros que están dispuestos a sumergirse en la ilusión para sacar a la humanidad de la misma.

El mejor uso de las noticias

Es fácil juzgar al mundo por sus horrores y giros inesperados. Sin embargo, puedes usar los acontecimientos del mundo como escenario para crear transformación. El filántropo neoyorquino Milton Petrie echaba un vistazo al periódico todos los días para ver a quién podía ayudar. Un día leyó el caso de una hermosa modelo a quien unos matones habían destrozado el rostro a navajazos. El artículo mostraba unas imágenes descorazonadoras de tres cicatrices que le recorrían todo el largo de ambas mejillas y la frente; habían tenido que darle cien puntos para recomponerle la cara. Una Venus se había convertido en un Frankenstein.

Conmovido por lo que le había sucedido a la chica, Petrie llamó a la modelo a su oficina y le dijo que le daría 20.000 euros al año durante el resto de su vida. Emocionada por recibir semejante acto de bondad por parte de una persona que se había solidarizado con su angustia, pudo someterse a numerosas operaciones que restauraron su piel y su hermoso rostro.

Petrie también costeó las necesidades básicas de la familia de un policía neoyorquino que se había quedado discapacitado cuando fue tiroteado en acto de servicio. Luego creó fondos para los hijos de varios oficiales que habían muerto en acto de servicio. Él sólo leía las malas noticias para poder aliviar las vidas de las personas. Era un experto en el sueño feliz.

Vi un documental sobre cirujanos estéticos que ofrecían sus servicios gratis para ayudar a personas desfiguradas, en particular a mujeres maltratadas. En todos los casos, había un momento en que el médico sacaba el vendaje y la mujer se miraba al espejo para ver su nuevo rostro por primera vez. Todas ellas se echaban a llorar. Unas cuantas horas del tiempo del cirujano suponían para las pacientes toda una vida de sentirse mejor. Su bondad trascendía la crueldad que les había precedido y facilitaba el triunfo del amor sobre el mal.

¿Está el chocolate en la lista de los permitidos?

UCDM nos dice: «Todo placer real procede de hacer la Voluntad de Dios» (T-1.VII.1:4). Al principio esta afirmación puede parecernos un poco radical, una incitación a la autonegación, una mortificación de la carne, una entrega al celibato y a retirarse a un monasterio.

Nada más lejos. El *Curso* simplemente nos está diciendo que tengamos claras cuáles son nuestras prioridades: primero el Espíritu, todo lo demás está a su servicio. Cada experiencia se convierte en una oportunidad de aportar más luz al mundo. Entonces conoceremos un tipo de placer que trasciende con creces lo que puede ofrecernos el mundo, «la paz que sobrepasa a la razón» (Filipenses 4:7).

La película *Atrapado en el tiempo* traza la ruta desde la pesadilla al sueño feliz. Un amargado hombre del tiempo llamado Phil Connors se despierta todos los días en el mismo maldito día. Su primera reacción a este escenario repetitivo es la desesperación. De modo que, para distraerse y tranquilizarse, se da todos los caprichos, desde engullir postres hipercalóricos hasta robar coches o acostarse con mujeres apasionadas. Esto sólo consigue deprimirle aún más, hasta el extremo que intenta suicidarse, pero ni siquiera *eso* le funciona. Parece estar condenado a vivir ese fatídico día eternamente.

Al final, Phil experimenta con la idea de ayudar a la gente, de hacer todo lo posible para mejorar sus vidas. ¡Está tan aburrido!, ¿qué puede perder? Entonces, un día agarra a un niño que se está cayendo de un árbol, cambia la rueda pinchada de un coche en el que sólo iban mujeres mayores y aprende a tocar el piano para entretener a los lugareños. Su actitud va cambiando paulatinamente de la depresión a la alegría hasta que una mañana despierta de la pesadilla con la mujer que ama a su lado. Cuando estaba inmerso en su egocentrismo no sabía cómo amarla, pero ahora que se ha abierto su corazón, puede dar y recibir amor realmente. *Eso* es el sueño feliz.

Bueno, ¿está incluido el chocolate en la lista del sueño feliz? ¿No hay sexo apasionado en el reino de los cielos? ¿Compraría un maestro espiritual en Nordstrom o jugaría a los dados en Las Vegas? UCDM nos enseña que la calidad de vida no se basa en lo *que* haces, sino en *por qué* y *cómo* lo haces. El *Curso* nos pide que evaluemos todas las acciones que estamos considerando haciéndonos estas dos preguntas: «¿Para qué es esto?» y «¿Qué espero conseguir?» Tus respuestas a estas preguntas determinarán si entrarás en el sueño feliz o si caerás más en la pesadilla. Si tu trabajo sólo significa un cheque, seguirás siendo pobre espiritualmente. Si aceptas una propuesta de matrimonio porque temes no encontrar a nadie mejor, más te vale ir preparando tus papeles de divorcio junto con tu libro de familia. Si estás planificando una venganza contra alguien, recuerda el proverbio chino que dice: «Cuando planifiques una venganza, asegúrate de cavar dos tumbas».

Si, por el contrario, tu trabajo es una expresión de tu pasión y tu propósito, la ley universal te deparará éxito. Si te casas con alguien porque amas a esa persona *tal como es* y tu vida mejora cuando estás con ella, esa unión estará bendecida. Si eres capaz de abandonar tus resentimientos hacia tu ex y seguir tu camino, tu próxima relación dará un fruto más dulce. Cuando lo que te motiva es el júbilo, eso es lo que consigues.

Entonces, ¿entra el chocolate en la lista? Esta pregunta es engañosa. La paz interior sí entra en la lista; el miedo y la culpa, no. La mente que se siente culpable puede convertir cualquier acto en una razón para condenar. La mente inocente interpreta todos los actos a favor del amor. Ámate a ti mismo hagas lo que hagas, y lo que no sea amor será sustituido por lo que es realmente valioso.

Madera y agua

Una máxima zen dice: «Antes de la iluminación, corta madera y lleva agua. Después de la iluminación, corta madera y lleva agua». Las personas iluminadas hacen casi lo mismo que la mayoría de las personas. Lo único que las diferencia es que se sienten realizadas interiormente y no buscan nada fuera.

> Hay una manera de vivir en el mundo que no es del mundo, aunque parezca serlo. No cambias de apariencia, aunque sí sonríes mucho más a menudo. Tu frente se mantiene serena; tus ojos están tranquilos. Y aquellos que caminan por el mundo con la misma actitud que tú reconocen en ti a alguien semejante a ellos. No obstante, los que aún no han percibido el camino también te reconocerán y creerán que eres como ellos, tal como una vez lo fuiste.

L-155.1:1-5

Algunos de los seres más iluminados de este planeta son personas sencillas, humildes, sin pretensiones, que jamás se considerarían maestros espirituales. Son camareras, chóferes de autocares, reparadores de electrodomésticos que han elegido la bondad como su objetivo. Tal vez nunca hayan oído hablar de *Un Curso de Milagros* o de ningún camino espiritual formal, pero sus caminos son milagrosos porque son compasivos. Un teólogo judío llamado Abraham Joshua Heschel escribió: «Cuando era joven, admiraba a las personas inteligentes. Ahora que soy viejo, admiro a las personas buenas».

Seguirás en el mundo durante algún tiempo más. Tendrás que decidir qué vas a hacer para cenar, con quién vas a casarte (o no), y si te pasarás a la última versión de Windows. *Un Curso de Milagros* simplemente te pide que sigas haciendo todas esas actividades sin apuro y que recuerdes que la única elección real está en decidir entre la alegría y la tristeza. La felicidad no tiene nada que ver con las formas que asume el mundo, pero depende por completo de la visión con la que lo contemplemos. Encontrarse con Dios no está reservado para el momento en que tu espíritu abandona el cuerpo. Está reservado para cuando tú lo elijas. En el sueño feliz, lo que buscas ya se encuentra donde tú estás.

El amor no se ha estado ocultando de nosotros. Somos nosotros los que nos hemos ocultado del amor. Cuando la pesadilla se convierte en un sueño feliz, estamos muy cerca de casa.

¿Por qué es tan largo el *Curso*?

Las mentes complicadas crean situaciones complicadas, hacen preguntas complicadas y necesitan respuestas complicadas. El propósito de *Un Curso de Milagros* es curar a las mentes complicadas guiando nuestros pensamientos desde el laberinto de la complejidad hasta la salvación de la simplicidad.

El verdadero *Curso de Milagros* tiene sólo 15 palabras:

Nada real puede ser amenazado.
Nada irreal existe.
En esto radica la paz de Dios.

T-In.2:2-4

Todas las palabras que vienen a continuación son comentarios que esclarecen esta verdad única desde otros mil puntos de vista diferentes.

El autor del *Curso* reconoció que pocas personas asimilarían esta verdad tan simple y la aplicarían a sus vidas hasta que encontraran la liberación. El intelecto necesita aclaración, repetición, explicación, entendimiento racional y continuas aplicaciones prácticas. Así que Jesús dijo en realidad: «Aquí tenéis otras 497.226 palabras más y 1.187 páginas para que vayáis digiriéndolas. Así sentiréis que habéis conseguido algo valioso».

Podrías dar por terminado tu estudio de *Un Curso de Milagros* después de estas 15 palabras.

Pero luego tendrías que vivirlas. El resto del *Curso* se te ha dado justamente para eso.

19

Cómo hacer milagros

Un Curso de Milagros nos dice que no sólo tenemos derecho a los milagros (L, Lección 77), sino que tenemos derecho a hacerlos. Al ego eso puede parecerle arrogante, pero *no* reclamar tu poder de hacer milagros es aún *más* arrogante. Cuando niegas tu facultad de curar, estás rechazando tu identidad como vehículo a través del cual el Espíritu Santo puede cambiar vidas en el presente y en el futuro (L, Lecciones 152, 154).

Para hacer milagros no hace falta repetir un mantra secreto, preparar pócimas exóticas, entonar cánticos en tonos graves, someterse a iniciaciones chamánicas, hacer excentricidades propias de una estrella del espectáculo o conseguir audiencias de millares de personas. Sencillamente, has de usar tus dones únicos en tu vida cotidiana. Así el mundo se transformará y dejará de ser una inhóspita tarea para convertirse en una plataforma para el despertar.

Un día, estando en el aeropuerto de Honolulu, me detuve a mirar unas cosas en un escaparate. Una guarda de seguridad se acercó a mí e inició una conversación informal. Me preguntó adónde iba y le respondí que me dirigía a Japón a dar algunas clases.

—¿Qué es lo que enseña? —me preguntó.

—Ayudo a las personas a conectar con su pasión y su propósito y a que vivan con autenticidad —le respondí.

—¿Podría darme algunos consejos? —me preguntó con interés.

Le pregunté cuál era su circunstancia en aquel momento.

—Soy madre soltera de nueve hijos. La mayor parte de mi tiempo se la dedico a ellos —respondió.

Me conmovió su dedicación a su familia.

—¿Hay algo que te gustaría hacer por ti? ¿Qué podrías hacer para alimentar tu espíritu? —le dije.

Le cayeron lágrimas de los ojos y me mostró su mano.

—Me gustaría que me hicieran la manicura. Eso haría que me sintiera atractiva.

—Pues ve a que te la hagan. Te lo mereces. Entregas mucho a tus hijos. Te mereces aquello que te haga feliz —le respondí.

La mujer sonrió.

—Sé que tiene razón —me dijo.

Me apunté su dirección y le envíe algunos de mis libros. Ese encuentro fue uno de los momentos estelares de mi viaje, uno de esos momentos que hacen que un día valga la pena.

El efecto dominó

UCDM nos dice que: «Un milagro nunca se pierde. Puede afectar a mucha gente que ni siquiera conoces, y producir cambios inimaginables en situaciones de las que ni siquiera eres consciente» (T-1.I.45:1-2). Puesto que nuestra visión de la vida suele ser miope, no siempre vemos los efectos de nuestras acciones surgidas del amor. Sin embargo, el bien que haces tiene un mayor alcance en el universo de lo que te imaginas. Nunca te desanimes si has ofrecido un acto de amabilidad que parece que no ha sido recibido. En algún nivel sí lo *ha sido* y será transmitido a otros. El historiador norteamericano Henry Brooks Adams dijo: «Un maestro afecta a la eternidad; nunca sabrá hasta dónde llegará su influencia».

Uno de mis primeros libros, *Joy is my Compass* [La felicidad es mi brújula], no se vendió tan bien como mis otros libros y acabó descatalogado. Me preguntaba si quizá no estaba bien escrito o no ofrecía nada de valor a los lectores. Empecé a preguntarme si había valido la pena el esfuerzo y el tiempo que dediqué a escribirlo.

Hasta que un día una mujer compartió esto conmigo en un seminario:

Tuve la idea de abrir un centro para enfermos terminales de sida, pero tenía dudas. Hasta que un día leí su libro *Joy is my Compass*. Sus ideas e historias me dieron la inspiración y el coraje para llevar a cabo mi plan. ¡Ahora, soy muy feliz de haberlo hecho! He acogido a muchos hombres afectados de sida y les he ayudado a morir dignamente. Estas almas bondadosas fueron repudiadas por sus amistades y familiares y no tenían a nadie que les ayudara. Yo les he dado paz y aceptación, y eso les ha ayudado a marcharse sintiendo la gracia. Este trabajo ha sido una enorme bendición para mí y para los pacientes. No hubiera podido hacerlo sin la inspiración que recibí de su libro.

Al oír esas palabras, sentí una profunda alegría por haber escrito ese libro. No me importaba que no hubiera sido un superventas. Aunque sólo hubiera servido para que esa mujer iniciara el proyecto del centro para enfermos terminales de sida, había merecido la pena escribirlo. Es un honor único en la vida haber contribuido a que esos hombres se marcharan de este mundo rodeados de amor.

Los milagros de la cápsula del tiempo

Cuando pides un milagro para ti, lo pides para todos aquellos a quienes también va a afectar. Recuerda: «Cuando me curo no soy el único que se cura» (L, Lección 137). En el mundo de las apariencias, es posible que un milagro tarde tiempo en manifestarse. Pero el tiempo es una ilusión, como lo es el vacío *aparente* entre dar y recibir. Puesto que todo está sucediendo a la vez, dar y recibir se producen simultáneamente. Sólo en el plano de la separación *parecen* estar divididos.

Cuando era adolescente, adopté el judaísmo ortodoxo como religión. Practiqué estrictos rituales durante siete años. Al final, me cansé de los dogmas. Un día, durante una festividad en la que los judíos deben ayunar, empecé a cuestionarme la norma. Tenía hambre y no entendía por qué no podía comer. La única razón por la que estaba ayunando era porque temía que Dios me castigara si no lo hacía. En ese momento me di cuenta de que el miedo no era una buena razón para realizar un acto religioso e, indudablemente, tampoco era un fundamento saludable sobre el cual basar mi vida. Así que me comí un trozo de pastel, que supuso el fin de mi participación en la religión ortodoxa.

Ese momento clave me catapultó desde mi camino religioso hasta mi camino espiritual. Inicié un apasionado e intensivo estudio que me llevó a viajar por todo el mundo, me puso en contacto con maestros extraordinarios, me abrió las puertas a nuevos y fascinantes mundos y me cambió la vida por completo. La culminación de esta búsqueda fue dedicarme a escribir libros y a dar seminarios a los que, desde hace muchos años, siguen acudiendo miles de personas.

Más de treinta años después de ese momento decisivo, conté está historia en un seminario para residentes. Cuando terminé, Ray, uno de los participantes, se acercó a mí y me estrechó la mano con fuerza. «Gracias por haberte comido ese pastel», me dijo.

El comentario de Ray fue como si me hubiera dicho: «Comerte el pastel puso en marcha una serie de acontecimientos que han conducido a que estemos juntos compartiendo una experiencia profundamente gratificante. Gracias por seguir el verdadero camino que te indicaba tu corazón, que ahora está conectado con el mío».

Todo acto de amabilidad que haces por ti o por los demás en esta Tierra, da su fruto celestial. Saboreas ese fruto dos veces: uno en el momento en que realizas tu acto de amor y otro cuando ves sus efectos. Unas veces ves los efectos enseguida, otras tardas un tiempo y en ocasiones, ni siquiera llegas a verlos. «Los milagros [...] puede que no siempre tengan efectos observables» (T-1.I.35). No obstante, es muy habitual que recibas una confirmación milagrosa o sincronizada de que tu acto de intención sincera ha mejorado la vida de otra persona. No puede existir mayor recompensa que ésta.

Temporalmente más y menos

Hacemos turnos realizando milagros los unos para los otros. En el mundo experimentamos una *aparente* alteración del suministro y la carencia. A veces eres más consciente del suministro que otras personas, y otros son más conscientes de él que tú. Cuando sientes la abundancia, estás en situación de realizar milagros para los demás, porque en ese momento estás en armonía con la verdad universal. Cuando son otros los que están más conectados con la abundancia que tú, son ellos quienes pueden hacer milagros para ti.

«Los milagros curan porque suplen una falta; los obran aquellos que temporalmente tienen más para aquellos que temporalmente tienen menos» (T-1.I:8).

En cierta ocasión necesitaba que me hicieran unas fotos publicitarias. Mi amiga Monique, una fotógrafa profesional con mucho talento, vino a mi casa y se pasó la tarde haciéndome fotos, algunas de las cuales salieron muy bien y me fueron muy útiles. Le pregunté qué le debía por las fotos, y me dijo que no me preocupara; que quizás otro día yo podría ayudarla en alguna otra cosa. Me sentía en deuda con ella y varias veces pensé en enviarle un cheque. Cuando me venía esa idea a la cabeza, había al mismo tiempo algo en mi interior que me decía que me relajara; que las cosas vendrían por sí solas. Varios años después presenté un retiro en Hawai sobre el tema de la abundancia. Monique me dijo que le gustaría asistir, pero que en ese momento no estaba en situación de poder pagar el curso. Me encantó poder devolverle el favor y acudió al curso gratuitamente. Lo que das es lo que recibes.

Es tan importante hacer como recibir milagros. Cuando permites que alguien te ayude, a esa persona le estás proporcionando la dicha de hacer milagros. Muchas personas, en particular las que se han educado dentro del contexto religioso que enseña la culpa, tienen graves problemas para recibir. Creen que negarse a sí mismas es un acto de santidad o un sacrificio responsable; para ellas, dar es virtuoso, pero recibir es egoísta. Éste es otro ejemplo de pensamiento al revés. Cuando dejas que otra persona te ayude sinceramente, tú la ayudas a ella. Ésta recibe la recompensa de dar, mientras que tú recibes la dicha de recibir. Hacer milagros es una experiencia en la que nadie puede perder. Recordemos, «[Los milagros] brindan más amor tanto al que da como *al* que recibe» (T-1.I.9:3).

Concede el mérito a quien corresponde

Tu ego, o personalidad, no es la fuente de los milagros. Dios sí. «No soy yo por mi propia cuenta, sino que el Padre que mora en mí es el que hace las obras» (Juan 14:10). El amor que da vida a todo el universo es el que trae todo lo bueno al mundo. Tú eres el canal vital a través del cual se produce la transmisión sagrada. Para mantener las funciones en orden, concede siempre el mérito a Dios como fuente de todas las bendiciones. Nunca te consideres la fuente de los milagros. Si lo haces, te estarás precipitando hacia una trágica caída. Los egos inflamados siempre acaban segados. La humildad te ayudará a evitar esas caídas.

Conocí a una magnífica sanadora musulmana llamada Ishvara. Cuando los clientes le agradecían su curación, ella siempre decía: «Todas las alabanzas son para Alá». Aunque la conocí hace muchos años, esa frase sigue presente en mi mente. Era una forma elegante de apartar la atención de su personalidad y devolvérsela a quien le corresponde, al Poder Superior. Al conceder el mérito a quien le corresponde, no te estás rebajando, sino que glorificas la divinidad que hay en ti. «Sé humilde ante Él, y, sin embargo, grande *en* Él» (T-15.IV.3:1).

Si después de haber ofrecido tu servicio te sientes cansado o exhausto, es que te has olvidado de que es el Poder Superior el que verdaderamente hace los milagros. Un estudiante le preguntó a un famoso sanador: «¿Por qué me siento tan cansado después de haber hecho varias sesiones de sanación?» El sanador agudamente le respondió: «Porque crees que el sanador eres tú».

Conozco sanadores con una energía infinita que no se cansan jamás. Hacen actos sobrehumanos y consiguen resultados que son una bendición para miles de personas. Entienden que es la Fuente de Energía, no la personalidad, la que está consiguiendo los resultados. Jesús prometió, «[...] las obras que yo hago, las hará él también» (Juan 14:12). Ése podrías ser *tú*. Jesús estaba afirmando que la facultad de hacer milagros la tenemos *todos*. Si trabajas con el Gran Espíritu, lo conseguirás.

Mis ojos, mi boca, mis manos y mis pies tienen hoy un solo propósito: estar al servicio de Cristo a fin de que Él pueda utilizarlos para bendecir al mundo con milagros.

L, Lección 353

El milagro último

Lo que parece ser una curación o manifestación milagrosa no es más que la punta del iceberg de la fuente de todos los milagros, que es el amor. «Los milagros ocurren naturalmente como expresiones de amor. El verdadero milagro es el amor que los inspira. En este sentido todo lo que procede del amor es un milagro» (T-1.I.3:1-3).

No tienes por qué saber cómo se hacen los milagros. Basta con que estés totalmente presente, tengas la mente y el corazón abiertos, intentes ayudar siempre que puedas, recuerdes la integridad más que las apariencias de ruptura y ames más que temas. Cuando conservas tu paz interior ante las ilusiones que parecen indicar lo contrario, se producen los milagros. Entonces los contemplas con estremecimiento junto con sus receptores.

No te quedes enganchado al aspecto de la manifestación de los milagros. «Los milagros —de por sí— no importan» (T-1.I.2:1). Jamás intentes hacer un milagro. Intentarlo significa que el ego ha entrado en acción. Los egos intentan. El Espíritu *hace*. Yoda, como obrador de milagros, dijo: «Probar no. Hacer o no hacer. Probar no existe». La experiencia de ansiedad significa que crees que eres el hacedor. «La presencia del miedo es señal inequívoca de que estás confiando en tu propia fortaleza» (L-48.3:1).

UCDM nos dice: «Los milagros seleccionados conscientemente pueden proceder de un falso asesoramiento» (T-1.I.5:3). Fíjate una meta si lo deseas, pero deja los detalles al Espíritu Santo, que tiene acceso a fuentes mucho más extensas que las tuyas. Está abierto a recibir la meta que has solicitado, pero a la vez está abierto a que suceda algo aún mejor. El Poder Superior tiene un sinfín de trucos que te dejarían atónito. Unas veces el Espíritu obrará los milagros a través de ti, mientras que otras lo hará a través de otras personas o medios. No importa cómo se produzca la curación. Lo que importa es que suceda.

Serás guiado hacia los milagros que has de realizar. No te preocupes respecto a dónde o cómo puedes ser más útil. La central divina te dirá lo que tienes que hacer y te proporcionará los medios para llevarlo a cabo. Trabajas para una gran empresa.

De esta manera, cada ofrenda que se le haga se multiplicará miles de veces y decenas de miles más. Y cuando te sea devuelta, sobrepasará en poderío la pequeña ofrenda que hiciste, en forma parecida a como el resplandor del sol es infinitamente más potente que el pequeño destello que emite la luciérnaga en un fugaz instante antes de apagarse. El constante fulgor de esta luz permanecerá y te guiará más allá de las tinieblas, y jamás podrás olvidar el camino otra vez.

L-97.6:1-3

20
Enseña sólo amor

El mundo no acaba de entender cómo se produce la enseñanza. Te han enseñado que la enseñanza se transmite a través de palabras en una clase. El profesor lanza una idea, los alumnos la apuntan en una libreta o en su ordenador, la memorizan para el examen final, y si la repiten bien, se supone que han aprendido. *Un Curso de Milagros* nos dice que la verdadera enseñanza ocurre mediante la energía que irradias a través de la calidad de tu existencia. Siempre estás enseñando el amor o el miedo. *No hay más lecciones.*

Si piensas en los maestros que más influencia han tenido en tu vida, te darás cuenta de que no te transformaron por la información que te dieron. Fue por cómo te trataron y cómo te sentías en su presencia. Uno de mis mejores maestros fue un joven rabino llamado Stuie. Le conocí cuando yo tenía catorce años, la cara llena de granos, ortodoncia en la boca y un subidón de hormonas que no mostraba una vía de expresión especialmente saludable. Vivía en la peor zona de la ciudad rodeado de malas influencias. Mi mundo era lúgubre y desconcertante.

Un día sentí el inusual impulso de ir a una comida de jóvenes en mi sinagoga, donde Stuie dio una apasionada charla. Era la primera persona que había conocido que tenía una verdadera relación con Dios. Exudaba inspiración y pasión, y me emocionó su magnética presencia. Me uní al grupo de jóvenes de la sinagoga y Stuie se convirtió en mi mentor. Pasaba la mayor parte de mi tiempo libre con él y con otros adolescentes en ese ambiente tan positivo. La influencia del rabino Stuie en mi vida fue inconmensurable. Me animó a presentarme para presidente del grupo de jóvenes y no tardé en dar charlas a los niños y en la sinagoga. Mi mentor vio lo mejor que había en mí y su visión sacó a la luz mis talentos. Este rabino cambió por completo el rumbo de mi vida, por lo que le estaré eternamente agradecido. Fue un auténtico maestro de Dios.

Tú también eres un maestro de Dios por la manera en que te comportas y por la calidad de tu ser. Un día iba con mucha prisa por el aeropuerto de San Francisco sorteando hordas de viajeros que entraban o salían rápidamente por las puertas de embarque. De repente, me di cuenta de que había un hombre que se dirigía hacia mí que estaba envuelto en un aura de paz. No llevaba ropa de monje ni hacía nada peculiar. Tenía un aspecto bastante normal. Sin embargo, su conducta era tan tranquila en medio de todo aquel caos, que en el momento en que le miré me relajé y sentí paz. Era una unidad móvil de bendiciones. Vi a ese hombre durante unos segundos, ni siquiera cruzamos unas palabras y no he vuelto a verle. No sé cómo se llama, ni tengo información alguna sobre su vida. Aunque esa breve interacción tuvo lugar hace bastantes años, sigo recordándole y le menciono en mis libros y conferencias. Éste es el poder de transformación que puede generar un ser humano por el simple hecho de estar en paz.

> Un maestro de Dios es todo aquel que decide serlo. Sus atributos consisten únicamente en esto: de alguna manera y en algún lugar ha elegido deliberadamente no ver sus propios intereses como algo aparte de los intereses de los demás.
>
> M-1.1:1-2

Tu única misión

Muchas personas emprenden la misión de convertir a los demás a su religión o grupo. Por muy buena que pueda ser la intención de esas personas, a menudo no reconocen cuál es su misión más profunda. «Cuando hayas aceptado tu misión de extender paz hallarás paz, pues al manifestarla la verás» (T-12.VII.11.1).

No estás aquí para convertir a nadie. Estás aquí para convertir a tu propia conciencia. Cuando estás conectado con la Fuente, animas a los demás a vivir de acuerdo con sus respectivos potenciales. La meta de cambiar a los demás es una distracción de tu verdadera meta de cambiar tu propia mente. Es más fácil hablar con otras personas para intentar convencerlas de que vayan a tu iglesia que enfrentarte a tus propios miedos y conquistarlos, demonios internos, juicios y sensación de vacío. Si necesitas que los demás sigan tu dogma para sentirte bien, es que estás actuando desde la carencia, y eso nunca da buenos resultados.

Cuando encuentres tu integridad y vivas de acuerdo con ella, el mundo se transformará por tu ejemplo y dejarás una huella de sanación a tu paso.

Un propósito totalmente nuevo

UCDM afirma que te sentirás inevitablemente horrorizado cuando te des cuenta de para qué estás aquí realmente (T-17.V.5:6). Pensabas que estabas aquí para conseguir cosas, ponerte a prueba y encontrar gente que te ame. Sin embargo, estás aquí para hallar la paz, ser tú mismo y encontrar gente a quien amar. Pensabas que habías venido a arreglar el mundo. Pero estás aquí para apreciar lo que tienes ante tus ojos y descubrir una forma nueva de contemplarlo. Pensabas que estabas aquí para enseñar, pero has venido a aprender. En última instancia, enseñar y aprender son la misma cosa (M-In.1:5). No puedes enseñar sin aprender, ni aprender sin enseñar. Cuando enseñas amor, sólo aprendes amor. Entonces te gradúas de la escuela de la ilusión y aceptas el diploma de la paz interior, el verdadero título que todos debemos obtener.

En la vida has tenido muchos maestros y tú has enseñado a muchas personas. Enseñarás más. Como estudiante de *Un Curso de Milagros*, siempre actualizas tu concepto de enseñar y aprender. Tu propósito es mucho más profundo de lo que te han dicho y la ruta hacia tu destino mucho más sencilla. Estás aquí para transformar el mundo cambiando lo que piensas sobre él y quien piensas que eres en él. Eres un ser adorable que vive en un universo que se basa en el amor. Basta con que recuerdes esto y habrás dominado la única lección que has venido a aprender. Después la enseñarás constantemente sin tan siquiera intentarlo.

Enseña solamente amor, pues eso es lo que eres.

T-6.I.13:2

¿Es necesario que asista a un grupo de estudio de *Un Curso de Milagros*?

Un Curso de Milagros es un sistema autodidacta para profundizar en tu relación contigo mismo y con tu Poder Superior. No hay nada en el *Curso* que te exija asistir a clase o estudiar con un grupo. Practicado con diligencia, UCDM puede conducirte de nuevo a casa. Tu maestro es el Espíritu Santo, tu clase es la vida y tus compañeros de clase son todas las personas que conoces a lo largo de tu vida.

Si crees que participar en una clase o en un grupo te ayudará, seguramente será así. Estar con otras personas que también han aceptado el compromiso de vivir conscientemente es valioso. En la tradición budista e hinduista, se les dice a los buscadores que es bueno que acudan al *satsang*, que significa estar en compañía de la verdad.

Si asistes a un grupo de estudios de UCDM, tal vez conozcas a personas que llevan más tiempo que tú estudiando el curso y quizás escuchar sus puntos de vista y sus experiencias te ayude a profundizar en tu comprensión del mismo. Pero lo que es más importante es que si las personas del grupo viven los principios del *Curso* y sanan sus mentes, sus vidas y a los demás, tú te beneficiarás inmensamente de su ejemplo.

Si asistes a un grupo de estudios de UCDM, elige uno que se centre en el corazón y en la experiencia, en lugar de hacerlo sólo en el aspecto intelectual. En algunos grupos de estudio impera el desarrollo de razonamientos sofisticados hasta el extremo que la conversación se convierte en un ejercicio de gimnasia intelectual más que en un despertar del alma. Sé fiel al espíritu del *Curso*, en vez de fijarte en la forma. *Un Curso de Milagros* es una carta de amor que ha escrito Dios. Analizar académicamente una carta de amor es la antítesis de la poesía que emana de ella. Saborearla es lo que aporta la mayor recompensa.

Tengo mucha experiencia en grupos de estudio del *Curso*, pues hace muchos años fui el cofundador de la comunidad activa de *Un Curso de Milagros*. Veintisiete estudiantes de UCDM nos unimos para alquilar un convento deshabitado que tenía de todo, dormitorios, capilla, una gran sala de reuniones y una cocina industrial. En el grupo había tres madres solteras con sus hijos, varios gays, un profesor de instituto, la madre anciana de una mujer y una serie de profesionales de los negocios. De hecho, era de lo más variopinto.

A la comunidad le pusimos el nombre de «Hacienda de los Milagros». Cada mañana nos reuníamos en la capilla para estudiar la lección del día, luego nos marchábamos a nuestros trabajos, a estar con nuestras familias o a hacer nuestros recados. Por la tarde volvíamos a reunirnos para revisar la lección, leer algo más del *Texto*, meditar y orar. Ese año pasaron por aquel consagrado inmueble muchos maestros, sanadores y músicos conocidos ofreciéndonos una extensa variedad de interesantes clases, conferencias y conciertos.

Podría escribir todo un libro sobre la Hacienda de los Milagros, pero aquí sólo diré que todos tuvimos infinidad de posibilidades de practicar el perdón. Al principio los egos rugían en medio de la novedad, la incertidumbre, los cambios de vida y de compartir un espacio íntimo para vivir con un grupo de extraños. Parecía que todos nos habíamos vuelto locos. Recuerdo que una mañana llegué al desayuno y me encontré a una mujer llorando con la cara enterrada en su plato de huevos revueltos. El primer mes, uno de los chicos se acostó con tres de las chicas y luego se marchó porque «tenía que cuidar de su abuela, que estaba enferma». Una mujer se encerró en su habitación al final de la primera semana y no volvimos a verla. ¡La Hacienda de los Milagros se convirtió en un manicomio!

Sin embargo, a medida que fue avanzando el año se produjo la transformación. Puesto que los participantes practicaban sinceramente el *Curso*, las atenciones, la amabilidad y el apoyo mutuo fueron sustituyendo a la locura inicial. Los intereses egoístas cedieron su lugar a la unidad. Al cabo de seis meses, el grupo se consolidó y ante todo predominaba el amor. Cuando estaba finalizando el viaje de un año, contemplábamos la luz dentro de cada uno de nosotros y nuestra aventura conjunta fue de un valor incalculable. Pero descendimos al infierno para llegar al cielo. No porque fuera necesario, sino porque permitimos que fuera el ego el que dirigiera la orquesta durante un tiempo.

Luego, ¿necesitas ir a un grupo para estudiar *Un Curso de Milagros*? En realidad no importa. Tu conciencia va donde tú vas. Si estudias solo, te encontrarás contigo mismo. Si estudias en grupo, te encontrarás contigo mismo. Cualquier ocasión es una oportunidad para recordar lo que es importante y te curarás en la medida que lo consigas.

21
¿Cómo acabará el mundo?

Cada equis años, algún predicador anuncia el fin del mundo para un día concreto. Los astrólogos predicen el fin de un ciclo cósmico. Se termina el calendario maya. Un asteroide chocará contra la Tierra. Entonces, unos pocos favorecidos ascenderán al cielo, mientras el resto de la humanidad arderá en una fosa. No hace mucho, después de una de las últimas predicciones sobre el final de los tiempos, unas personas muy listas ofrecieron un *seguro para cuidado de mascotas en caso de tribulación*: si ascendías y tu mascota se quedaba en la Tierra, una persona responsable cuidaría de tu perro o de tu gato por sólo 50 dólares (no reembolsables). (Personalmente, no me fiaría de ningún cielo que no aceptara a mi perro.) Luego, llega el día del juicio final y pasa sin pena ni gloria. El predicador dice que se ha equivocado en los cálculos y que la *verdadera* fecha del desastre será dentro de unos cuantos años más. Y así sucede siempre.

Un Curso de Milagros explica que el fin del mundo no es un acontecimiento en el tiempo. Es un *cambio de percepción*. Cuando dejemos de prestar atención al mundo del pecado, la separación y el sufrimiento, y se la dediquemos a la inocencia, el bienestar y la gracia, habremos trascendido el ámbito de la ilusión y regresado a nuestro hogar de la realidad. El fin del mundo llegará cuando ya no tengas necesidad de usarlo. Así que no tienes que preocuparte por el fin del mundo. Seguirá estando mientras tú lo desees. UCDM dice que el fallo está en que quieres al mundo irreal más que al real. El problema, entonces, no reside en que el mundo pueda llegar a su fin, sino en que tal vez *no* termine. Nada podría ser mejor que el fin de la vida tal como la conocemos. No porque la vida sea mala, sino porque la vida tal como la conocemos es una extraña distorsión de la vida como se suponía que deberíamos vivirla.

El *Manual para el maestro* nos lo explica de un modo conmovedor:

> El mundo acabará con alegría porque es un lugar triste. Cuando la alegría haya llegado, el propósito del mundo habrá terminado. El mundo acabará en paz porque es un campo de batalla. Cuando la paz haya llegado, ¿qué propósito podrá tener el mundo? El mundo acabará entre risas porque es un valle de lágrimas. ¿Quién puede seguir llorando allí donde hay risa?
>
> M-14.5:1-6

Lo que nos parece que es el mundo ha sido astutamente diseñado por el ego para ocultar el mundo real. El miedo enmascara el amor, la pequeñez eclipsa la grandeza y el tiempo estrangula la eternidad. Es lo opuesto del mundo que Dios ha creado. El final del mundo tal como lo conocemos es una bendición, pues cuando retiremos la inversión que hemos hecho en el infierno, lo único que quedará es el cielo.

¿Un nombre o muchos?

El mundo acabará cuando la conciencia de omnipresencia de Dios sustituya la creencia en los cuerpos separados entre ellos y del amor. El maestro de la cienciaficción Arthur C. Clarke escribió un brillante relato breve titulado *Los nueve mil millones de nombres de Dios*, en el cual dos programadores informáticos son contratados por un grupo de monjes de una lamasería tibetana. Los monjes creen que cuando todos los nombres de Dios hayan sido descubiertos, el propósito de este mundo se habrá cumplido y desaparecerá su dimensión física. A fin de descubrir todos esos nombres —nueve mil millones, para ser exactos—, los monjes contratan a los programadores norteamericanos para codificar su ordenador de tal modo que les proporcione todas las combinaciones y variantes de las letras de su alfabeto, generando todos los nombres de Dios a la velocidad de la luz, para acelerar el fin del mundo del sufrimiento.

Los programadores, escépticos pero contentos de haber conseguido ese trabajo, colaboran con los monjes y crean el programa que les han pedido. Pero los muy cretinos temían que cuando el ordenador terminara el trabajo y el mundo siguiera estando donde está, les echaran la culpa de ello. Así que retrasan la impresión final hasta después de haberse marchado de la lamasería. El momento cumbre de la historia llega cuando los programadores están sentados sobre unos ponis viendo la lamasería desde lejos y especulando sobre la decepción que deben de estar sintiendo los monjes. Justo en ese instante, miran hacia arriba y se dan cuenta de que «sin estrépito alguno las estrellas se estaban extinguiendo».

Este ingenioso relato tiene un poderoso simbolismo metafórico. Cuando por fin sustituyamos todos los nombres separados por Un Nombre, la creación manifiesta habrá cumplido su fin y todos moraremos en nuestra verdadera esencia. El final del mundo ilusorio de formas específicas y desconectadas dará paso a la experiencia del mundo real como la existencia unificada de Dios. «Escucha Israel, El Señor nuestro Dios, es el único Señor» (Deuteronomio 6:4).

¿Dónde está el mundo?

Un Curso de Milagros nos dice que el mundo de «ahí fuera» no es más que la representación externa de nuestros pensamientos respecto al mismo. El *Curso* llega incluso a decir: «¡El mundo no existe! Éste es el pensamiento básico que este curso se propone enseñar» (L-132.6:2-3).

Más adelante, en el *Libro de ejercicios* leemos:

De deseos dementes nace un mundo demente, y de juicios, un mundo condenado. De pensamientos de perdón, en cambio,

surge un mundo apacible y misericordioso para con el santo
Hijo de Dios [...]

L-325.1:4-6

El fin del mundo tal como lo conoces es justamente eso: el fin del mundo que conoces. Pero el mundo que conoces es tan distinto del mundo que conoce Dios, que el fin del mundo no es más que el fin de la pequeña corriente de pensamiento que ha definido el mundo limitado que tú ves. Es la llegada de un río de vida mucho más extenso, profundo y rico de lo que tu pequeño ser es capaz de entender. El fin del mundo llegará cuando cambies tu visión respecto a él. No será un cataclismo holliwoodiense cargado de extras que gritan y luchan por sobrevivir. Será tan suave y relajante como abrir las ventanas y las cortinas de una habitación que llevaba cerrada mucho tiempo y olía mal, y dejar que entre la luz y el aire, que traen vida donde antes no la había.

Por fin un mundo que tiene sentido

Definimos el mundo sirviéndonos de medidas limitadas. Lo hacemos por los metros cuadrados de nuestra casa, por lo que nos ha costado el coche nuevo, por el tamaño del diamante de tu anillo de compromiso, por el número de seguidores en Twitter, por la tendencia del mercado, y por el tamaño de la cicatriz de una operación que tu primo muestra con orgullo como si fuera una medalla. Ninguna de estas medidas tiene nada que ver con el mundo real. Las personas sufrimos porque hemos puesto nuestra atención en un mundo que no tiene sentido. El mundo de la separación termina cuando pones más interés en lo infinito que en lo finito.

El mundo acabará en una ilusión, tal como comenzó. Su final, no obstante, será una ilusión de misericordia. La ilusión del perdón, completa, sin excluir a nadie, y de una ternura ilimitada, lo cubrirá, ocultando toda maldad, encubriendo todo pecado y acabando con la culpabilidad para siempre. Así acabará el mundo al que la culpabilidad dio lugar, ya que al no tener ningún propósito desaparecerá.

M-14.1:2-5

Reza por que llegue el fin del mundo. Reza por el fin del miedo, de la pérdida, del sufrimiento y de la muerte. El mundo tal como lo conocemos no tiene sentido. Pon fin a un mundo sin sentido recobrando el sentido. Sumérgete de tal modo en la verdad que todo lo demás desaparezca de la vista. La visión es una elección. Vemos lo que queremos ver. Cambia lo que quieres ver y verás el cambio.

El comienzo está próximo

Todos hemos visto a alguna persona caminar por las calles de las ciudades con una pancarta colgada de su cuerpo que proclama: EL FINAL ESTÁ PRÓXIMO. En cierto modo tienen razón. El mundo del sufrimiento debe terminar. «El mundo que veo no me ofrece nada que yo desee» (L, Lección 128). Pero eso es sólo parte de la historia. Si los profetas de las calles contaran la verdadera historia, en esas pancartas pondría: Y TAMBIÉN EL COMIENZO. «Más allá de este mundo hay un mundo que deseo» (L, Lección 129).

Pon fin al mundo hoy negándote a contribuir al miedo que ha mantenido en vigor el mundo de la tristeza. Pon fin al hambre en el mundo alimentando tu alma. Pon fin a las guerras terminando la guerra que mantienes contigo mismo. Es tu felicidad, no tu dolor, lo que salvará al mundo. La miseria ya tiene demasiados seguidores.

El Armagedón no acabará con el mundo. Esa guerra lleva librándose durante miles de años y no ha conducido a la paz. El fin del mundo sólo llegará con la curación. Dios te ha elegido a ti para salvar al mundo, implorándote que sustituyas la catástrofe por la expectativa de una inmensa bendición. En ese momento, las estrellas del cielo se irán apagando una a una y serán sustituidas por la luz que tú eres.

Tú y tu hermano estáis retornando a casa juntos, después de un largo e insensato viaje que emprendisteis por separado y que no os condujo a ninguna parte. Has encontrado a tu hermano, y cada uno de vosotros alumbrará el camino del otro. Y partiendo de esa luz, los Grandes Rayos se extenderán hacia atrás hasta la obscuridad y hacia adelante hasta Dios, para desvanecer con su resplandor el pasado y así dar lugar a Su eterna Presencia, en la que todo resplandece en la luz.

T-18.III.8:5-7

22
El día de la graduación

Cuenta una historia que un yogui dejó a su gurú para retirarse al bosque y desarrollar poderes sobrenaturales. Dedicó muchos años a aprender a caminar sobre el agua, hasta que al final dominó la técnica. Un día su gurú pasaba por allí. El yogui, deseoso de demostrarle su poder, cruzó el río mientras su maestro le observaba.

—¿Cuánto tiempo has tardado en caminar sobre el agua? —le preguntó el gurú.

—Veintisiete años —respondió orgulloso el discípulo.

—¡Idiota! —le dijo el gurú—. Por cincuenta centavos podías haber cogido el transbordador.

Hay un momento en nuestra vida en que todos debemos cuestionarnos qué es lo que queremos conseguir durante nuestra estancia en la Tierra y por qué. Algunas de nuestras metas nos conducen a la paz, otras no. *Un Curso de Milagros* nos pide que dediquemos nuestro tiempo y nuestra vida a lo que realmente tiene valor. Emprender el viaje de UCDM no es precisamente una empresa pequeña. Se necesita diligencia, compromiso, sinceridad, intención y práctica. A medida que vayas avanzando en el programa quizá te preguntes: «¿Cuándo acabaré el *Curso*? ¿Cómo sabré que he terminado? ¿Cuándo me graduaré?»

El *Curso* nos dice, «El período de entrenamiento dura un año» (L-In.2:4). Cuando leo esto me suele entrar risa. No conozco a nadie que haya completado el *Curso* en un año, haya cerrado el libro y haya dicho: «Bueno, ya lo tengo… ¿Y ahora qué?»

Cuando conocí a Judith Skutch (Whitson), fundadora de la Foundation for Inner Peace y editora de *Un Curso de Milagros*, me dijo:

«Seguiré haciendo el *Curso* cada día, durante el resto de mi vida». En aquellos momentos no entendí su visión, pero ahora sí. Cuando te has establecido en la paz, ya no puedes regresar a la guerra. Cuando la curación es más atractiva que el sufrimiento, sólo haces lo que cura. Cuando anhelas más la libertad que la esclavitud, das todos los pasos necesarios para conseguirla y conservarla.

Conocí a una mujer que no se perdió ni una sola lección o ejercicio de UCDM durante el año que duró el *Libro de ejercicios*. Incluso hacía las sesiones de práctica de cinco minutos a la hora que se indican desde las Lecciones 93 a la 110. Cambió toda su vida. Su salud mejoró y también sus relaciones. Se convirtió en una persona nueva por completo, en la encarnación de un milagro. La siguiente vez que la vi, estaba haciendo el *Curso* de nuevo.

Llevo treinta y cinco años estudiando *Un Curso de Milagros*. He hecho el *Libro de ejercicios* muchas veces. Uso los principios del *Curso* a diario para dar sentido a mis experiencias; recuerdo frases de los tres volúmenes cada hora. Sin embargo, a veces, como cuando me impaciento al encontrarme con un conductor lento, me horrorizo al ver lo lento que he sido aprendiendo. Mi ego ha aumentado y he descubierto las formas más inteligentes de conservar la paz al alcance de mi mano. En ocasiones, me pregunto si alguna vez conseguiré dominar el programa. En otras, como cuando me libero de un posible contratiempo que anteriormente me habría trastornado, me asombro al ver cuánto he asimilado. A pesar de mis dudas y de mis reveses, cada vez que hago el *Curso* aumenta el número de mis «momentos ¡ajá!» y reconozco la increíble magnitud de las enseñanzas. Cuando leo el *Texto*, puedo asegurarte que sus palabras son nuevas para mí cada vez que abro una página que he leído muchas veces. Cada mañana me siento como si la lección hubiera sido escrita para mí la noche antes. Pienso: «Ésta es la mejor lección del *Curso*. ¡La practicaré durante el resto de mi vida y me liberaré!» El proceso de estudiar UCDM es un milagro en sí mismo.

Supongo que podrías completar UCDM en un año si de veras te lo propusieras. Pero, en ese caso, quizá no estarías por aquí mucho tiempo para narrar tu experiencia. Es más probable que ascendieras y regresaras a lo infinito. O quizá te convertirías en un bodhisattva y te quedarías por aquí para elevar a la humanidad.

Le pregunté a Judith Whitson si conocía a alguien que hubiera dominado *Un Curso de Milagros*. Me respondió que Bill Thetford, coescribiente del *Curso*, era una de esas personas. «Bill había perdonado a todo el mundo y a todas las cosas y gozaba de una paz absoluta», me dijo. Ese testimonio me dio la confianza de que también hay esperanza para mí, y para todos nosotros, de que podamos hacer lo mismo.

Entretanto, nuestras lecciones en la Tierra nos esperan. No nos faltan oportunidades para practicar el perdón. La paz interior es la única medida de referencia del *Curso*. La ausencia de paz es un aviso para que sigamos practicando.

—Me he comprado un aparato para reducir la grasa que he visto en un infoanuncio…, pero devolví ese maldito trasto, no funcionaba —me dijo mi prima.

—¿Cuánto tiempo lo usaste?

—Ah, unos cinco minutos a la semana.

Aunque el *Curso* tiene un potencial infinito, los resultados que experimentes dependerán de cómo lo apliques. Como dicen las personas que participan en los programas de 12 pasos, «Funciona si lo trabajas». UCDM dice: «Únicamente lo que *tú* no has dado es lo que puede faltar en cualquier situación» (T-17.VII.4:1). *Un Curso de Milagros* es mucho más que tres volúmenes o los ejercicios del *Libro de ejercicios*. Es una forma de pensar y de vivir, un cambio de actitud que afecta a todo lo que ves y lo que haces. Es una renovación psicoespiritual a nivel global.

El camino para llegar hasta aquí

«¿Cuándo acabaré el *Curso*?» es una pregunta engañosa del ego. Al ego le preocupa el futuro para huir del presente, mientras que la respuesta a todas las preguntas se encuentra en el instante sagrado. «Lo único que veo es mi actual felicidad» (L, Lección 290). Cada asombro-

236 | UN CURSO DE MILAGROS (fácil)

so momento aquí y ahora conduce al siguiente, y llegarás al final del tiempo cuando te eleves por encima de él.

En cierto modo, ya has terminado *Un Curso de Milagros*. Tu espíritu está íntegro, Dios ya te ha dado todo lo que necesitas, y Él ya ha hecho todo lo que tenía que hacer (L-337.1:5). Eres un ser eterno, que ha sido perdonado por pecados que jamás cometiste. No vas a morir ni puedes. El infierno que temes no fue más que una táctica para asustarte. El camino que crees que todavía has de recorrer ya ha sido realizado. Lo que percibes como obstáculos ya lo has dejado atrás. Estás en «[...] un viaje sin distancia hacia una meta que nunca ha cambiado» (T-8.VI.9:7). En el mundo de la distancia, *Un Curso de Milagros* no tiene fin. En el mundo del Espíritu, lo que nunca comenzó no puede terminar.

Luego, tu necesidad no es terminar el *Curso*. Lo que necesitas saber es que ya has terminado el *Curso*. Aunque todavía haya una parte de ti que se esté esforzando, tu Ser más profundo y verdadero ha cruzado la línea en una carrera que jamás fue necesaria. El propósito del *Curso* es que cambies tu identidad de buscador por la de lo descubierto. Cuando recuerdes quién eres, no te quedará nada por conseguir. El cielo no es un trofeo que te concediste como resultado de tu lucha. Es un estado que aceptas, un estado mental bendito en el que moras.

A lo largo del camino, te encontrarás con sol y nubes, cumbres y valles, avances hacia la claridad y momentos en que te revuelcas en el lodo de la confusión, exultación embriagadora y velos de depresión. «Las dudas te asaltarán una y otra vez a lo largo del camino, y luego se aplacarán sólo para volver a surgir» (C-Ep.1:2). *Simplemente sigue.* No dejes que las apariencias te detengan. Pide al Espíritu Santo que haga por ti lo que no puedes hacer por ti mismo. Tu oración *ya* ha recibido respuesta. «*No puedes dejar de oírme, Padre. Pues lo que pido ya me lo has dado*» (L-290.2:2-3). Una parte de tu mente está establecida en la verdad aunque persistan las ilusiones. Reivindícala, y las apariencias contrarias al amor se esfumarán. Sólo los pensamientos que piensas con Dios son verdaderos.

El final de la última frase del *Libro de ejercicios*, «[...] yo nunca te dejaré desamparado» (L-Ep.6:8), es la promesa de Jesús de que no importa adónde vayas en el mundo, qué curso estudies, qué infiernos parezca que te están engullendo, tu Fuente no te ha abandonado y la paz se te concede en el momento en que la pides. Nunca estás a más de un pensamiento de la curación. Tienes poderosos compañeros que caminan junto a ti, en este mundo y más allá de él. Nunca caminamos solos (L, Lección 156).

El final de la búsqueda del Santo Grial

Un Curso de Milagros no es como muchas otras enseñanzas espirituales en cuanto a que la meta es la libertad total. No termina a menos que logres la curación completa. Habrás terminado el *Curso* cuando te hayas liberado del miedo, cuando estés en paz contigo mismo, cuando veas a todas las personas y todas las cosas como Dios, y cuando lo único que experimentes sea amor. Mientras estés en el cuerpo, esto será difícil de conseguir, porque la mera idea de creer que estás en un cuerpo niega la verdad de que eres espíritu. Algunas personas, nos dice el *Curso*, han alcanzado la liberación total estando en el cuerpo, pero es algo poco frecuente. Eso no quiere decir que no puedas conseguirlo. De hecho, el *Curso* te promete que lo conseguirás cuando sea el momento adecuado. Por el momento, la iluminación se produce por etapas. Algunas almas maduras despiertan una mañana y alcanzan la libertad para siempre. La mayor parte de la humanidad asciende por la escalera del cielo paso a paso.

Sin embargo, cada paso tiene su propia recompensa y el mundo no es un mal lugar para explorarlo cuando lo ves con la visión del aprecio. «El amor es el camino que recorro con gratitud» (L, Lección 195). El *Curso* nos hará evolucionar lo más rápido posible, pero no tanto como para que perdamos el ritmo del baile. Cada día nos vamos liberando de unas cuantas ilusiones hasta que nuestra vida se convierte más en una celebración que en una carga. Entonces, dice UCDM, será Dios Mismo quien dé el último paso de la salvación.

En algún momento puedes decidir que tu estudio de UCDM ha concluido y que necesitas seguir otra vía. O quizá fusiones tu estudio del *Curso* con otro instrumento. O tal vez dejes a un lado el *Curso* y vuelvas a retomarlo más adelante. O reconozcas que seguir fiel al *Curso* te llevará de regreso a casa y que será lo único que harás. Cualquier cosa válida que hagas te conducirá a tu Ser. Todas las prácticas espirituales son un curso de milagros en diferentes formas. UCDM nos dice claramente que éste no es el único camino. Hay muchas rutas que conducen a la cumbre. No obstante, hay algo que todo el mundo descubre cuando ha alcanzado la cima: el Santo Grial que buscabas está en el camino de ascenso.

Un Curso de Milagros existirá siempre, igual que tú. Cuando Ramana Maharshi estaba a punto de morir, sus discípulos le suplicaron: «Por favor, maestro, no nos abandones». Él sonrió y respondió: «¿Adónde podría ir?» Del mismo modo, el mensaje de UCDM es que el amor está en todas partes; y, como ser hecho de amor, tú también. El *Curso* es el final de los finales, una puerta hacia lo infinito. Cuando mires a tu alrededor y lo único que veas sea el cielo, el *Curso* habrá cumplido su misión. Te soltará de la mano y te dejará libre para que seas la luz que has estado buscando.

Un Curso de Milagros te ha encontrado. Ahora lo único que te falta por hacer es encontrarte a ti mismo. Que llegue pronto el noble despertar y que dure eternamente. Que todos nos conozcamos a nosotros mismos tal como Dios nos ha creado. Que todos conozcamos la vida tal como se supone que hemos de vivirla. Que todos amemos con pureza, profundidad y totalidad. Que la humanidad descubra su divinidad y que todos moremos en la paz de Dios.

Epílogo

Todo lo que siempre quisiste saber sobre UCDM pero sin tener que leer todo el *Curso* para descubrirlo.

1. Sólo Dios es real. Toda separación es ilusoria.

2. Eres una extensión y una expresión de Dios. Todo lo que es Dios, lo eres tú. Todo lo que no es Dios, no lo eres tú. Dios es amor, sólo amor, y tú también.

3. Cada uno de tus pensamientos, palabras y acciones representa tu elección entre el amor y el miedo. Elige el amor.

4. El propósito del cuerpo es transmitir amor. Todos los demás propósitos del cuerpo son en vano. Usa tu cuerpo para transmitir la luz del Espíritu al mundo, y será feliz y estará sano.

5. El ego es una idea extraordinariamente limitada de quién eres. No está preparado para guiarte y no se le debe consultar para tomar decisiones que te aporten paz.

6. El Espíritu Santo es esa parte de tu mente que está conectada con la verdad. Consúltalo para tomar decisiones inteligentes y prosperarás.

7. Más allá de lo que crees que es el mundo se encuentra el mundo real, donde existe todo lo que deseas y te mereces. Puedes aden-

trarte en el mundo real en cualquier momento recordando tu identidad como ser espiritual.

8. No existe el pecado. Sólo hay errores en la conciencia. Ya has sido perdonado. Todas las consecuencias que crees que han de venir de tus pecados nunca se producirán.

9. El propósito de todas las relaciones es hacerte feliz. Aprecia y celebra a todos por igual, pues son tan dignos de ser amados como tú.

10. Las personas que actúan de manera despreciable están buscando amor. El mal no tiene poder porque no procede de Dios. El amor es el único poder.

11. No tienes que hacer nada para ganarte la salvación. Te la mereces por lo que eres. Ya te has salvado. Lo único que has de hacer es saberlo.

12. El universo rebosa abundancia. Tienes todo lo que necesitas justo donde estás y siempre tendrás todo lo que necesites.

13. Tu único propósito en la Tierra es hacer que se parezca más al cielo. Preocúpate menos y ríe más.

14. No existe la muerte. Eres un ser eterno. Los cuerpos nacen y mueren, pero el Espíritu es eterno.

Conoce más

Para obtener más información sobre *Un Curso de Milagros* te recomiendo que visites la web del editor del *Curso,* la Foundation for Inner Peace: www.acim.org. Aunque hay muchas organizaciones excelentes para el estudio de *Un Curso de Milagros*, ésta es la original y es la que tiene la mayor variedad y profundidad de materiales relacionados con el *Curso*, incluidas biografías y fotos de los escribientes, DVD, acceso gratuito a las lecciones diarias, audios, información sobre los múltiples idiomas a los que ha sido traducido el *Curso* y versiones electrónicas del mismo, incluidas aplicaciones para móviles.

La Foundation for the Inner Peace es una organización sin ánimo de lucro dedicada a elevar la conciencia de la humanidad a través de *Un Curso de Milagros*. La organización se financia con donaciones y actualmente está traduciendo el *Curso* a muchos idiomas (25 hasta la fecha). La Foundation también dona miles de copias del *Curso*. Si quieres ayudar a que haya más personas que se beneficien de *Un Curso de Milagros*, puedes hacer una donación a la Foundation for Inner Peace o a una de las muchas otras organizaciones de confianza relacionadas con el *Curso*. Una parte de los ingresos que yo obtenga con este libro será donada a la Foundation for Inner Peace y a otras organizaciones que están proliferando relacionadas con el *Curso*.

Agradecimientos

Un libro sobre milagros es fruto de los milagros y estoy profundamente agradecido a todas aquellas personas que han hecho posible la elaboración de esta obra.

En primer lugar, quiero mencionar a mi compañera Dee por su apoyo incondicional y perseverante para que yo pudiera crear y servir. También debo mencionar a mis siempre adorables y leales perros, que me ayudan a mantener la cordura cuando más necesito recordar lo que realmente importa.

Estaré siempre humildemente agradecido a los escribientes de *Un Curso de Milagros*, la doctora Helen Schucman y el doctor Bill Thetford, por su extraordinario valor y sus esfuerzos para transmitir el *Curso* al mundo. El contrato del alma que firmó Judith Whitson para publicar y difundir el *Curso* es igualmente importante, junto con la contribución y dedicación del doctor Kenneth Wapnick's a difundir las enseñanzas, así como la de los primeros miembros y los presentes de la Foundation for Inner Peace.

Quiero expresar mi reconocimiento a mis compañeros alumnos y profesores de *Un Curso de Milagros*, cuya elocuente manera de expresarse me ha ayudado a profundizar en mi comprensión y en mi paz interior. Aunque hay muchas personas que me han enseñado e inspirado, aquí daré las gracias a aquellas con las que he mantenido un contacto más estrecho y que han colaborado directamente en la elaboración de este libro: Jon Mundy, Tony Ponticello, Robert Holden, Tom Carpenter, Jerry Jampolsky, Diane Cirincione, Ian Patrick, Michael Stillwater, Maloah Stillwater, Charley Thweatt, Paul Ferrini, Arnold Patent, Kenneth Bok, Cliff Klein y Alden Crull.

Como es habitual, el equipo de Hay House ha contribuido con su apoyo y difusión de este trabajo. Mi eterno agradecimiento a Louise Hay, Reid Tracy, Patty Gift y, especialmente, a mi editor, Alex Freemon, siempre ha sido un placer cocrear contigo. Mi reconocimiento a Julie Davison y a Nick Welch por su brillante diseño gráfico interior y exterior. El equipo de Hay House Radio, dirigido expertamente por Diane Ray, es una bendición para mí y para muchos ávidos oyentes. Muchas gracias también a todos los empleados de todos los departamentos de Hay House.

Toda mi gratitud a todos los estudiantes de *Un Curso de Milagros*, de todas las nacionalidades y de todos los tiempos, pasado, presente y futuro. Vosotros bendecís el mundo con vuestra luz.

Más sobre Alan Cohen

Si te ha gustado y te has beneficiado de *Un Curso de Milagros (Fácil). Claves para entenderlo de forma sencilla*, tal vez desees profundizar en tus conocimientos y obtener más inspiración participando en algunos de los seminarios que imparte personalmente el autor, sus cursos *online*, formación para coaching personal o sus programas de suscripción *online*.

Cita del día – Un correo electrónico con una cita inspiradora que se te envía gratuitamente a diario.

Noticias mensuales – Artículos inspiradores y anuncios de acontecimientos gratis.

Sabiduría del día – Una estimulante lección de vida que se te envía diariamente a través del correo electrónico.

Cursos *online* – Lecciones y teleseminarios sobre temas importantes de *Un Curso de Milagros*, relaciones, prosperidad, curación, oración, metafísica y control de tu tiempo.

Seminarios y retiros de UCDM – Únete a otros alumnos del *Curso* para profundizar en tus conocimientos sobre él, aplicar sus principios en tu vida diaria y disfrutar de la compañía de estar con personas con ideas afines.

Formación en maestría – Un retiro transformacional en Hawái para sintonizar con tu pasión, poder y propósito en la vida.

Formación para coaching personal – Conviértete en un coach personal profesional o suplementa tu carrera y vida personal con habilidades de coaching.

Para más información sobre todos estos programas y nuevos productos y acontecimientos, visita: www.AlanCohen.com.

Sobre el autor

Alan Cohen es autor de muchos libros inspiracionales, entre los que se incluye el superventas *El dragón ya no vive aquí* y el galardonado *A Deep Breath of Life*. Es uno de los escritores que participan en la saga de superventas *Sopa de pollo para el alma,* y su columna mensual «From the Heart» (Desde el corazón) se publica en revistas de todo el mundo. La CNN, Oprah.com, *USA Today, The Washington Post* y el libro *The Top 101 Experts Who Help Us Improve Our Lives* han hablado de su obra. Sus libros se han traducido a veinticuatro idiomas.

Alan presenta semanalmente el popular programa radiofónico *Get Real* de Hay House y ha sido presentador en el documental ganador de un premio titulado *Finding Joe,* así como en los documentales *iGod* y *Living in Light*. Es también el fundador y director del Foundation for Holistic Life Coaching y presenta seminarios que tratan sobre cómo adquirir la maestría de la vida y la psicología de la visión. Vive con su familia en Hawái.

www.alancohen.com.

Notas

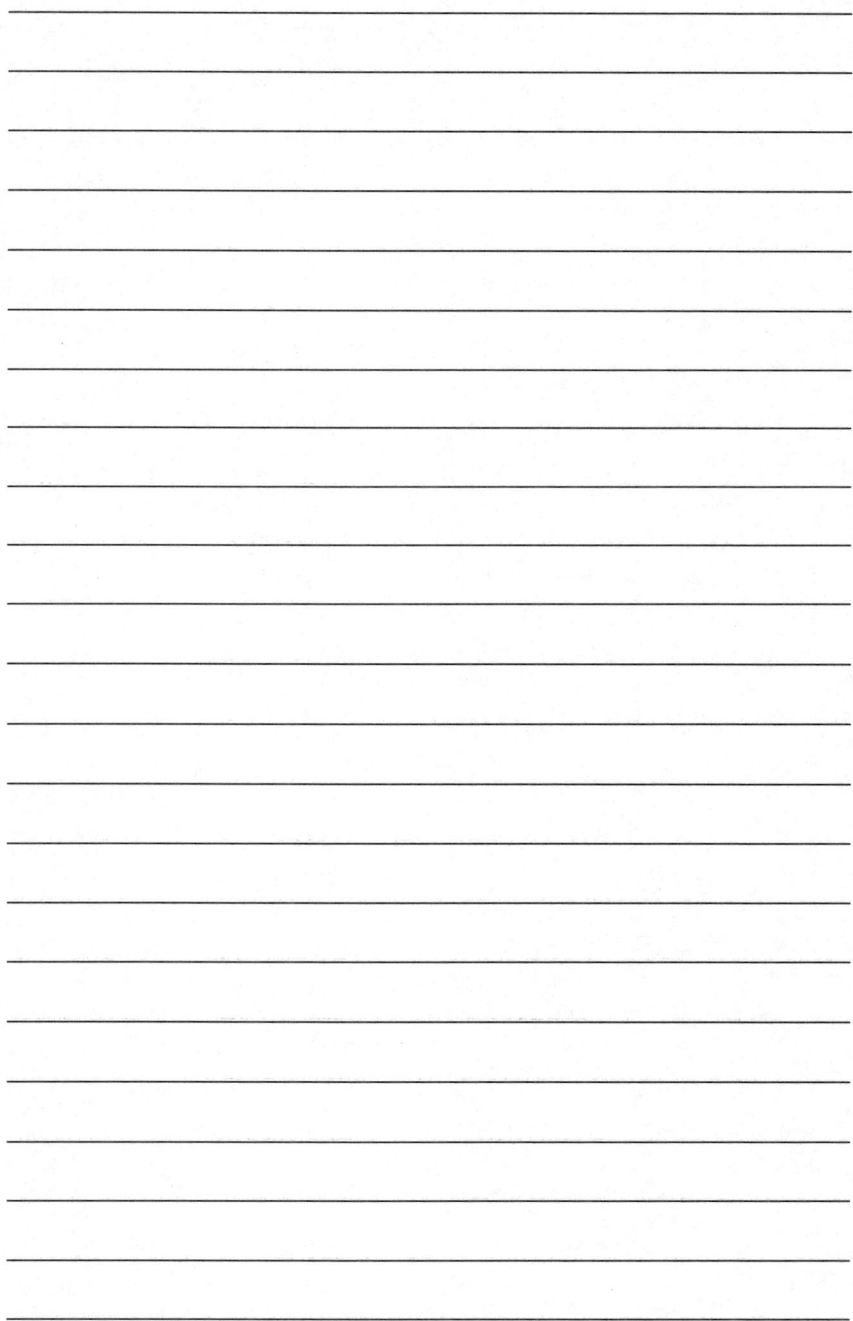

ECOSISTEMA DIGITAL

NUESTRO PUNTO DE ENCUENTRO

www.edicionesurano.com

2 AMABOOK
Disfruta de tu rincón de lectura
y accede a todas nuestras **novedades**
en modo compra.
www.amabook.com

3 SUSCRIBOOKS
El límite lo pones tú,
lectura sin freno,
en modo suscripción.
www.suscribooks.com

AB

SB
suscribooks

DISFRUTA DE 1 MES
DE LECTURA GRATIS

f
g+
quieroleer
You Tube

SB
suscribooks

AB

1 REDES SOCIALES:
Amplio abanico
de redes para que
participes activamente.

4 APPS Y DESCARGAS
Apps que te
permitirán leer e
interactuar con
otros lectores.

iOS